国家级职业教育规划教材
全国职业院校烹饪专业教材

餐饮业经营与管理

赵子余　主编

中国劳动社会保障出版社

简 介

本书为全国职业院校烹饪专业教材，讲解了餐饮业经营类型和餐饮业经营策划，着重分析了厨房管理和餐厅管理，并对零点菜单、套餐菜单、特种特色菜单、中式宴席菜单的设计与制作进行了简要说明。本书紧扣职业院校烹饪专业教学实际，内容实用，讲解细致，在每章后安排了“思考与练习”，帮助学生巩固所学内容。

本书由赵子余任主编，宋淑芬、乔凤兰、时月岭、葛顺英参加编写，卢红华任主审。

图书在版编目（CIP）数据

餐饮业经营与管理 / 赵子余主编. -- 北京：中国劳动社会保障出版社，2021

全国职业院校烹饪专业教材

ISBN 978-7-5167-4900-5

Ⅰ. ①餐…　Ⅱ. ①赵…　Ⅲ. ①饮食业-经营管理-中等专业学校-教材　Ⅳ. ①F719.3

中国版本图书馆CIP数据核字（2021）第154344号

中国劳动社会保障出版社出版发行

（北京市惠新东街 1 号　邮政编码：100029）

*

北京市白帆印务有限公司印刷装订　　新华书店经销

787 毫米 × 1092 毫米　16 开本　11.5 印张　208 千字

2021 年 9 月第 1 版　　2023 年 12 月第 4 次印刷

定价：28.00 元

营销中心电话：400-606-6496

出版社网址：http://www.class.com.cn

http://jg.class.com.cn

前　言

近年来，随着我国社会经济、技术的发展，以及人们生活水平的提高，餐饮行业也在不断创新中向前发展。餐饮业规模逐年增长，新标准、新技术、新设备和新方法不断出现，人们对餐饮的需求也日益丰富多样。随着餐饮行业的发展，餐饮企业对从业人员的知识水平和职业能力水平提出了更高的要求。为了培养更加符合餐饮企业需要的技能人才，我们组织了一批教学经验丰富、实践能力强的一线教师和行业、企业专家，在充分调研的基础上，编写了这套全国职业院校烹饪专业教材。

本套教材主要有以下几个特点：

第一，体系完整，覆盖面广。教材包括烹饪专业基础知识、基本操作技能及典型菜品烹饪技术等多个系列数十个品种，涵盖了中式烹调技法、西式烹调技法及面点制作等各方面知识，并涉及饮食营养卫生、烹饪原料、餐饮企业管理等内容，基本覆盖了目前烹饪专业教学各方面的内容，能够满足职业院校烹饪教学所需。

第二，理实结合，先进实用。教材本着“学以致用”的原则，根据餐饮企业的工作实际安排教材的结构和内容，将理论知识与操作技能有机融合，突出对学生实际操作能力的培养。教材根据餐饮行业的现状和发展趋势，尽可能多地体现新知识、新技术、新方法、新设备，使学生达到企业岗位实际要求。

第三，生动直观，资源丰富。教材多采用四色印刷，使烹饪原料的识别、工艺流程的描述、设备工具的使用更加直观生动，从而营造出更

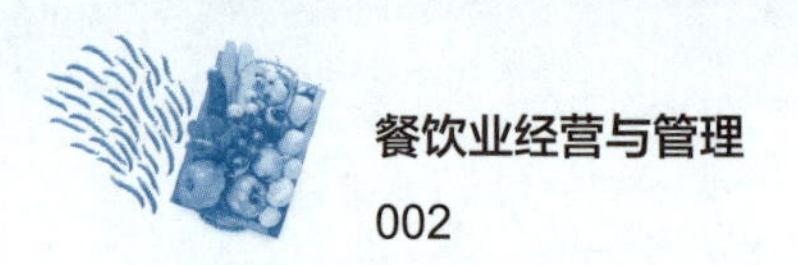

加直观的认知环境，提高教材的可读性，激发学生的学习兴趣。教材同步开发了配套的电子课件及习题册。电子课件及习题册答案可登录中国技工教育网（jg.class.com.cn），搜索相应的书目，在相关资源中下载。部分教材针对教学重点和难点制作了演示视频、音频等多媒体素材，学生扫描二维码即可在线观看或收听相应内容。

本套教材的编写工作得到了有关学校的大力支持，教材的编审人员做了大量的工作，在此，我们表示诚挚的谢意！同时，恳切希望广大读者对教材提出宝贵的意见和建议。

人力资源社会保障部教材办公室

目　录

第一章　餐饮业经营管理概述 …… 001

第一节　餐饮业的基本特征 …… 003

第二节　餐饮业经营管理目标 …… 007

第三节　餐饮业经营管理模式 …… 011

第四节　餐饮业经营管理内容 …… 014

第五节　餐饮业经营管理趋势 …… 018

第二章　餐饮业经营类型 …… 023

第一节　传统餐饮业经营类型 …… 025

第二节　自助餐饮业经营类型 …… 032

第三节　创新餐饮业经营类型 …… 037

第三章　餐饮业经营策划 …… 043

第一节　餐饮目标市场确定 …… 045

第二节　餐饮经营方式选择 …… 050

第三节　餐饮企业选址 …… 055

第四节　餐饮企业名称与标牌设计 …… 059

第五节　餐饮企业组织结构 …… 071

第四章　厨房管理 …… 077

第一节　厨房管理基础知识 …… 079

第二节　厨房组织结构 …… 084

第三节　厨房布局设计 …… 092

第四节　厨房设备管理 …… 098

第五节　厨房生产阶段质量管理 …… 106

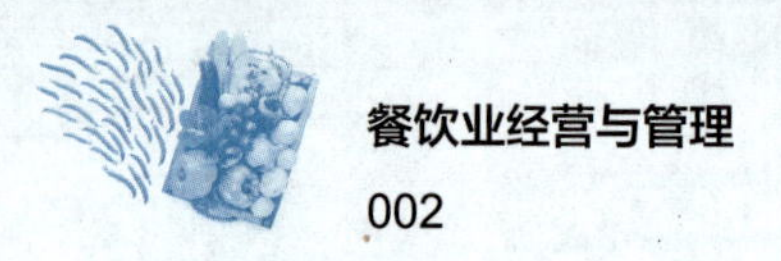

第六节　餐饮产品质量管理 …………………………………… 116

第五章　餐厅管理 …………………………………………… 125

第一节　餐厅主题选择与环境布置 …………………………… 127

第二节　餐厅组织结构与管理 ………………………………… 132

第三节　餐厅服务质量管理 …………………………………… 140

第六章　菜单设计与制作 …………………………………… 147

第一节　菜单设计制作的基本要求 …………………………… 149

第二节　零点菜单的设计制作 ………………………………… 155

第三节　套餐菜单的设计制作 ………………………………… 163

第四节　特种、特色菜单的设计制作 ………………………… 167

第五节　中式宴席菜单的设计制作 …………………………… 174

第一章
餐饮业经营管理概述

学习目标

1. 了解餐饮业、餐饮产品、餐饮消费市场的基本特征。
2. 掌握现代餐饮业的经营管理目标、经营管理模式、经营管理内容及经营管理趋势。
3. 学会分析餐饮业经营管理的现象和问题。

餐饮企业在我国的历史可以追溯上千年，但是如今已不是“酒香不怕巷子深”的年代，如何经营好一家餐饮企业甚至创出品牌，是现代餐饮企业管理需要面对的新命题。管理人员需要把握整个行业的发展现状，明确管理目标、管理模式、经营管理内容，以及规范餐饮企业的具体经营方式。

第一节 餐饮业的基本特征

经营好一家餐饮企业，首先是要摸清楚“家底”，即对整个行业运行的情况要有所了解，包括行业的基本特征、产品的基本特征、消费市场的基本特征，以及经营市场的现状等。

一、餐饮业经营的基本特征

1. 产、销一体化

餐饮业最显著的特征之一，就是生产、销售、服务、消费在同一时空完成。一方面，餐饮业包含有生产企业的特征。从原料准备到后期加工，再到包装销售，整个环节缺一不可。因此，从原料的采购、验收、处理、储藏、烹调、配膳直到服务顾客的整个流程，都需要精心的规划。另一方面，餐饮业也具有零售业的特征。餐厅将其烹调好的产品以合理的价格出售给顾客，以何种经营方式来销售并使顾客乐于接受，各个餐厅所采用的方式有较大的差别。

2. 消费多样化

现代餐饮消费已形成大众消费、商务消费、白领消费、家庭消费、儿童消费、旅游购物消费、休闲消费等不同的消费群体，使得餐饮市场呈现差异化的发展趋势。这一局面的出现也为餐饮业的发展提供了更多可选择的机遇和空间，企业可以结合自身的经营特长和技术优势，进行特色化经营，构建丰富多彩的餐饮文化，从而多方面满足顾客的饮食需求。

3. 网点商圈化

餐饮业营业网点的商圈化特征十分明显，以大型商业中心为依托的饮食圈、以商业街或人口密集 区为依托的饮食街非常普遍。以深圳的餐饮业为例，以华强北路、华发北路、振华路、振兴路为中心的华强饮食圈就是深圳市著名的餐饮业商圈，另外还有东门美食街、南园路美食街、八卦岭美食街等。这些餐饮商圈都属于餐饮业营业网点相对集中的区域，已经成为深圳市餐饮消费的主要场所。

4. 经营大众化

近些年来，我国餐饮业坚持大众化的经营方向，并取得了明显成效。面向大众消费的快餐、大众宴席、风味小吃、早点夜宵、家常菜品（或称菜品）市场持续红火，半成品、外卖、休闲等餐饮增势强劲，中心厨房、配送中心、连锁网络崭露头角，较好地满足了广大顾客的需求，有力地推动了行业的发展。

5. 投资多元化

餐饮业技术含量相对较低、投资周期短、资金回收快，导致新资金不断投入，甚至一些其他行业的财团也涉足其中，从而为餐饮业的发展注入了新的活力。现在北京、上海、广州、重庆等城市的餐饮业除了少量属国有之外，大部分属于股份制、民营、私营、个体或外资形式，投资主体呈现多元化的特点。

6. 企业品牌化

现代餐饮业的发展已由品种数量型转变为品牌质量型，餐饮业的激烈竞争促使广大餐饮企业纷纷开展品牌经营。以往靠某一个或几个特色菜品吸引顾客的现象越来越少，餐饮企业逐渐靠树立自己的品牌、扩大品牌的影响力来吸引顾客。好的品牌不仅需要有特色的菜品，而且在企业硬件设施、内部环境、服务水平、营销方式、价格手段、网点设置、配套服务功能、员工精神面貌等方面都有自己的特色。

7. 加盟连锁化

近年来，餐饮企业实施连锁经营的步伐明显加快，经营业态更加丰富，菜品创新和融合的趋势增强。连锁餐饮企业不断涌现，规模化、连锁化成为当前餐饮业发展的显著特点。

二、餐饮产品的基本特征

1. 消费性

饮食能够满足人们的基本生理需求和对健康生活的追求，所以，餐饮产品的消费市场具有很大的潜力。当然，人们对餐饮产品的现实消费与生活水平有着直接关系，餐饮产品的日常消费特征要求餐饮企业根据顾客的饮食习惯确定经营项目和服务内容，根据顾客消费需求的变化调整餐饮产品结构。

2. 地域性

由于地域、气候环境的不同，不同地区餐饮产品的主副原料也存在差异；由于习俗等不同，餐饮产品的口味、烹制方法也存在差异。这些差异性形成了众多的风格菜系和风味饮食，各地具有特色风味的饮食之间可以相互借鉴，形成了跨区域经营的趋势。

3. 文化性

餐饮产品所包含的文化内容使人们在消费菜品和饮料的同时能了解一个特定时代的风俗、礼仪。

（1）饮食本身的色、香、味、形、器、名等因素具有丰富的文化内涵。从菜品本身来讲，它的起源、烹制、风味都具有一定的文化背景，尤其是一些传统菜品的历史掌故，更是具有深厚的文化内涵。

（2）就餐环境是饮食文化的组成部分之一。餐厅的设计装潢、功能布局、装修装饰风格都体现出一定的文化主题和内涵，都要与其所经营的菜系相协调、匹配。

（3）餐厅的服务思想、经营观念则从更高层次上体现了餐饮文化。

4. 多功能性

餐饮产品具有一定的社交功能。借助于就餐，人们增加了相互交流的时间和机会。另外，餐饮产品还具有休闲功能。人们在和谐雅致的就餐环境中可以舒缓情绪、愉悦精神、放松身心，从菜名、菜品的典故和寓意中增长知识。同时，餐饮产品还具有商业功能。餐厅作为人们谈生意的场所，有千万宗的生意在这里谈成。因此，餐饮企业要为工作节奏快、生活紧张的人们创造一个良好的就餐环境，使人们在享用精美食品的同时得到放松。

5. 可组合性

餐饮产品的可组合性体现在以下三个层次：

（1）餐饮原料的可组合性。

（2）餐饮菜品的加工方法、服务方式的可组合性。

（3）菜品、饮料、环境、服务等综合的协调性。

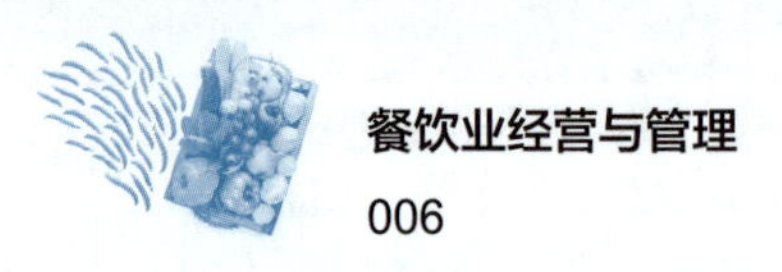

餐饮产品的可组合性要求餐饮企业不断地加强产品的开发创新。餐饮企业不仅要适时推出新品种，而且还要在保持老品种传统风格的基础上，不断提高其产品质量，使产品精益求精。

三、餐饮消费市场的基本特征

1. 理性化消费

餐饮市场已从以价格选择为主向价格、品位、气氛、服务、品牌、文化等方向转变，选择性和理性化消费特点明显增强。现代人追求健康、安全、环保，反映在饮食习惯上，就是追求使用天然原材料的营养食品，注意饮食和环境卫生，希望有消费愉悦的感受，而不仅是满意，对新事物接受程度高，追求高档品质、优质服务、精致化饮食，特别注重菜品营养方面的信息。

2. 多层次消费

由于地区经济发展不平衡，人们收入水平之间存在差异，餐饮消费存在多个层次。一般而言对高收入家庭，“健康”占首位，“滋味”占第二位；对低收入家庭，“价格”或“数量”占首位。我国目前大部分地区正处于从温饱迈入小康阶段，同时受传统饮食文化的影响，目前对饮食“滋味”的重视仍占第一位，而对饮食“营养”和“质量”的重视则处于次要地位。这种消费的多层次性使餐饮企业也呈现出多样性。

3. 零散性消费

餐饮企业所面向的市场具有复杂多变的特点。一方面，人们的口味、喜好有很大的差异，顾客的消费需求在总量和层次上不断发生变化；另一方面，顾客在进行餐饮消费时具有选择的随机性，会根据自身的某些因素选择餐饮企业或餐饮产品。对于餐饮企业来说，顾客进餐厅消费是单个的、零散的。所以餐饮企业要想依赖散客或回头客取得经营的成功，就要通过合理选址、提高菜品质量、提升顾客满意度等一系列措施增加回头率。

4. 诱导性消费

餐饮企业可以对顾客消费行为进行调查分析，了解并获得顾客对餐饮产品和服务的感觉及评价的有关资料，从而明确企业应提供给顾客什么，并知道如何满足顾客的需要，从而可以制定适当的营销措施，有效引导顾客的购买行为。

第二节　餐饮业经营管理目标

在日常经营过程中，餐饮企业要想通过科学的管理手段规范企业经营活动方式，需要管理人员根据已经摸清的“家底”，明确经营管理目标，以此指导、规范餐饮企业的具体经营方式。

一、制定经营管理目标的意义

餐饮企业要分析自身的能力条件，确定企业的顾客群，然后制定经营目标，并瞄准目标市场进行经营。餐饮经营若无长远规划，只强调近期利益，必然导致企业为尽快收回投资而损害顾客利益，最终影响企业经营活动的正常进行，降低产品和服务质量，使企业逐步陷入经营的恶性循环。企业没有目标，经营就不会有方向，也就不可能采取相应的策略和手段进行发展。企业经营必须制定一定时期内要达到的发展目标，并且让这些目标深入员工心中，把全体员工动员起来，为实现目标而积极努力，充分发挥员工的积极性、主动性和创造性。

二、制定经营管理目标的原则

餐饮企业经营管理目标必须在一定时间、资源条件下才能实现，在目标的制定过程中一般应掌握以下几个基本原则。

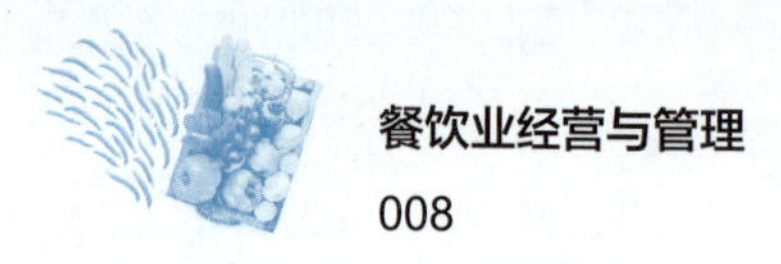

1. 总体性原则

经营管理目标应是关乎企业全局和总体性的问题，目标能否实现将成为企业在一定时期内经营成败的关键性重大问题。

2. 一致性原则

总体目标、中间目标和具体目标要协调一致、相互衔接，形成规划目标的统一体系，实现总体运行的良性循环。

3. 可行性原则

制定经营管理目标时，要对餐饮企业的现有条件、环境进行可行性分析，要保证目标能够如期完成，不能不顾客观条件把目标定得过高，经营管理目标要有操作性。

4. 激励性原则

经营管理目标要具有激励性和动员性，要能成为激发全体员工积极性的强大力量。

5. 定量化原则

经营管理目标要定量化，便于检查和考核。

6. 发展性原则

当前，国内同行业之间日益激烈的竞争要求餐饮企业加强自身建设，加快自身发展。同时，国外餐饮企业的加盟又迫使中国餐饮企业必须改变原有的经营思想和行为，制定适合国际竞争的经营管理目标。

（1）走出思想上的误区

由于我国餐饮企业经营的管理、制度、标准等方面尚不够完善，加之内、外部环境及自身经营素质的影响，餐饮企业的经营思想还存在着很多误区。餐饮企业趋于集团化、国际化发展，餐饮经营必须引入先进的经营理念、管理思想、管理方法和管理手段，否则餐饮企业只能是作坊式小餐馆，难以发展成现代公司制的企业集团。

（2）增强国际竞争力

我国餐饮业要与国际接轨，就要求经营者拓宽视野，高瞻远瞩，转变经营思想，适应现代市场需要，建立具有国际竞争力的餐饮企业。首先，企业生存和发展的动力是创新。因此，餐饮企业必须抛弃陈旧观念，力图推陈出新，不断开发新产品，使菜品在营养、口味、质量方面符合国际标准，有能力参与世界竞争。其次，要改善经营环境，增强管理活力。现代餐饮企业所处的环境是不断变动的，这种变动或缓慢或急剧，在急剧变动的市场环境中，那些档次低、条件差的餐饮企业很可能由于不能及时更新换代而面临生存危机甚至破产。

三、经营管理的品牌目标

餐饮企业经营的品牌目标就是要使餐饮企业获得超过同行业平均水平的获利能力。品牌不仅可以为企业直接从市场吸引顾客，获得现期经济效益，而且还可以为企业衍生出综合效益。餐饮企业只有在社会上树立了信誉和声望，才能拥有超值的品牌，才能使企业获得更有利于生存和发展的条件。

1. 创立良好的企业信誉

信誉是真正的无价之宝，是企业取之不尽的财富。餐饮企业内部各个部门、各个环节乃至各个岗位都承担着树立和维护企业信誉的责任。只有共担风险，全面发展，各项措施都顺利执行，才能保证餐饮企业发展过程中总体行动的全面实现。而餐饮企业的良好信誉能使企业内部各个部门、各个岗位的经营活动处于最佳状态，使它们立足于企业整体发展，充分利用企业信誉所带来的良性影响。

2. 树立良好的企业形象

良好的企业形象从根本上说是建立在提供优质的产品和服务的基础上的，能够反映产品品质、服务水准等有形与无形的内涵。餐饮企业形象具体表现为以下方面：

（1）产品形象

产品形象即所提供餐饮产品的色、香、味、形、质量以及卫生、环境、文化等方面给人的整体印象。

（2）员工形象

员工形象即员工的服务态度、职业道德、精神风貌和仪容、仪表等给顾客的整体印象。

（3）公关形象

公关形象即餐饮企业与地方政府、大众媒体、社区、公众、同行业等建立一个符合社会整体利益、大众乐于接受的形象。

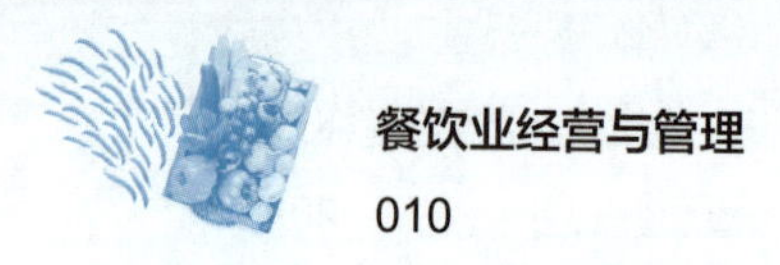

（4）社会形象

餐饮企业在开展品牌竞争的过程中，为了适应公众不断变化的评价标准，需要通过公共关系工作，不断改进和更新形象，或在原有形象中充实新的内容。公众评价标准总是在不断变化，所以，餐饮企业这种“与时俱进”的活动同样不会结束。餐饮企业积极参与有广泛群众基础的社会活动，是表现其宗旨、显示其实力与信心、赢得公众好感的一种常用方法。

第三节　餐饮业经营管理模式

目前，可供餐饮经营者选择的主流经营管理模式包括以价值为中心的经营管理模式、以收入为目标的经营管理模式和以成本控制为核心的经营管理模式。

一、以价值为中心的经营管理模式

传统餐饮企业管理是以实物形态的物流为中心进行的，只强调菜品的加工、成本的控制，忽视了物流以外其他方面的价值创造。现代企业管理是在市场经济条件下，在人流、物流、资金流和信息流的管理中，以价值的资金流为中心进行的。企业为了在竞争中生存和发展，要充分利用各种资本获取经济效益，提高企业竞争力。

二、以收入为目标的经营管理模式

扩大收入来源是餐饮企业获取利润的最主要手段，这就要求企业开拓新的卖点，通过扩大营业范围获得收益。

1. 食品外卖式

食品外卖式包括两种形式：一种是送餐服务，即餐饮企业在接到顾客订单后，将食品和服务按时送到顾客指定地点的一种餐饮服务方式；另一种是外卖服务，即为店外过往顾客提供预先烹制好的食品或半成品。食品外卖式的最大特点是既能充分利用餐饮企业现有的设备设施，又不占用餐厅经营空间，同时还能错开营业高峰时间。食

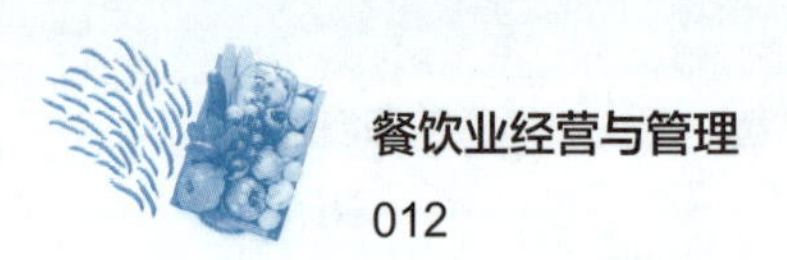

品送餐服务的关键是及时、快捷地将食品送到顾客手中，这就要求企业有满足送餐的运输条件和食品的保温、储存设施。

2. 配送中心式

有一定规模的，尤其是一些连锁经营的餐饮企业为节约采购、储存成本，会建立有工业化生产规模的中心厨房，为所属企业及相关企业提供成品或半成品菜品。具体配送流程是：各餐厅将订货需求报配送中心，后者处理后下订单给供应商，供应商送货至配送中心，配送中心根据线路送货。

3. 技术输出式

随着餐饮企业技术含量的增加，企业独有的一些烹调技术、服务技术、管理技术等将成为企业经营的内容向外输出。这一方面展现了企业的优势，扩大了企业的知名度，另一方面又为企业在实践中不断完善和提高现有技术水平提供了机会。

4. 承办宴席式

餐饮企业为满足一些团体、家庭的需求，会在餐厅以外的其他场所提供酒席宴会服务。这种方式必须结合实际经营情况，在人员、设施设备具备的条件下才能实现。

5. 休闲经营式

有的餐饮企业会利用自身的地理位置、场地条件或知名度开展一些与餐饮业相互补充的文化休闲经营活动，如举办画展、摄影展、时装表演或客户联谊活动等。另外，可将餐饮企业与休闲项目经营结合起来，如在餐饮企业内部设健身房或开展室内钓鱼等活动，吸引顾客光顾。这种模式主要面向高档次消费顾客群，并要具备一定的场地条件。

6. 附带经营式

附带经营具有一定特色的烹调加工设备和餐饮器皿，以及礼品、玩具等产品，是现代餐厅较为流行的经营内容。这种经营方式是建立在企业的菜品和服务基础上的，企业只有形成经营特色，才有可能开发出受到用户或顾客欢迎的具有特色的设备、设施、器皿等。同时，经营产品的质量、风格应充分体现企业的整体形象，附带经营产品应集实用性、观赏性于一体，使之具有收藏价值，从而使企业形象得以传播。

三、以成本控制为核心的经营管理模式

餐饮业的成本主要包括原料成本和人力成本两个方面。

1. 控制原料成本

原材料成本控制的状况将会直接影响企业经济效益目标。餐饮企业生产经营过程中，原材料因消耗量大、采购频繁，其成本控制成为餐饮经营中的核心内容。控制原材料成本涉及采购、验收、储藏、加工等各环节。

2. 控制人力成本

人力资源是餐饮企业创造经济效益的第一资源。重视对人力资源的使用和控制，不仅可以提高企业的经济效益，还将为企业的发展打下坚实的基础。其一，制定科学的人力资源规划，使员工招聘成为有计划、有目的的企业行为；其二，建立科学、合理的培训体系，提高培训质量和针对性；其三，建立良好的企业文化，使员工拥有共同的价值观；其四，要科学配置人力资源。

第四节　餐饮业经营管理内容

在具体的经营层面，餐饮企业需要通过有效地控制人力、物力、财力和信息等生产要素，实现资源的有效配置，合理规避经营风险，为餐饮资源赋予更大的价值，以此实现餐饮企业的经营目标和现代化管理。

一、资源配置

餐饮企业经营管理的内容不能只局限在菜品制作和厨房管理环节上，而是应该把可利用的各种资源整合起来，赋予资源更大的价值。

1. 人力资源配置

餐饮企业的规模不同，人员数量的配置就不同；餐饮企业的类型不同，餐厅人员的结构就不同；餐饮企业的档次不同，对人员素质的要求也不同。

2. 财力资源配置

不同规模的餐饮企业在设备、设施方面投入的差别决定了资金需求总量的不同，同时，餐饮企业类型的不同导致了资金使用结构的不同。

3. 物质资源配置

餐饮企业的类型不同，选择的场所位置和规模就不同。例如，快餐店一般选择较豪华的商业街道、车站等人流量大的地区，场地较小，座位周转率快，租金相对较高。

不同类型的餐饮企业具有不同的布局、装潢设计，不同风格、款式的餐具、家具，以及不同风味、不同档次的菜品、饮料。

二、风险管理

经营风险是指餐饮企业在赢得某一个经营机会，实现企业经营目标的过程中可能遭受的损失。

1. 餐饮企业经营风险的分类

（1）内部风险和外部风险

1）内部风险。餐饮企业经营的内部风险主要来自食品污染、环境卫生差、员工服务水准及管理水平低等。

2）外部风险。外部风险主要是经营环境差，如乱收费、缺乏高标准的行业规范、恶性竞争等。

（2）有形风险和无形风险

1）有形风险。有形风险也称“硬风险”，如资金不足或占压、原料价格上涨、菜品降价、菜品不受欢迎、设备陈旧落后等。这种风险显而易见，造成的损失值可以计算。企业内部加强市场调研和经营风险管理，采取相应措施，就可以防止或减少有形风险的损失。

2）无形风险。无形风险也称“软风险”，如服务质量低劣造成企业形象受损，菜品质量低、卫生条件差导致顾客的信任危机，宣传不实引起顾客的反感和逆反心理，管理人员缺乏责任感，员工人心涣散、劳动效率低等。

（3）时间性风险和空间性风险

1）时间性风险。时间性风险是指由于时间差异给企业经营带来的风险。造成时间性风险的原因是多方面的，如季节变化对餐饮消费的影响、产品在市场上的生命周期、顾客消费时间的变化，以及经营活动在竞争中出现的时间差等。要防止时间性风险，必须树立时间观念，经常观察、分析事物发展变化的趋势可能给企业经营带来的影响，准确把握时机，保证企业经营正常。

2）空间性风险。空间性风险是指在企业实现经营目标的过程中，由于空间因素的影响而引起的风险。产生空间性风险的原因也是多方面的，如企业所处的地点与周围环境，各地市场供求关系的变化，地区性的历史、传统、风俗、文化差异，各地人口分布和资源条件等。

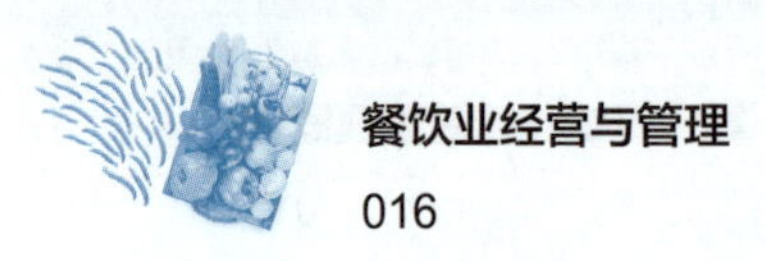

2. 经营管理风险的防范与补救

（1）经营管理风险的防范

1）收集和掌握有关风险的信息。风险信息主要包括：一是企业在经营中曾发生风险的有关资料，一般包括企业遭受损失的原因、各种损失发生的频率及破坏程度。二是有关本行业的信息，一般包括本行业的构成、竞争对手的实力及其经营策略、本行业平均利润水平与其他管理经营参数。三是社会外部环境中有关的调研预测资料，主要有政治、经济、文化、科技、生产、消费等各种因素变化趋势，以及这些趋势可能给本企业经营带来的风险分析。

2）经营管理风险的应对。事先预料风险是防范工作中最重要的一环。制订防范风险的各种措施和计划，就是针对发生可能性较高的风险，确定应对的基本方法。例如，对于菜品质量问题，应分析是原料供应环节问题，还是烹饪技术水平问题，或是顾客口味变化问题，这样就可以预先制定防范措施，保证企业免遭损失或少遭损失。

（2）经营管理风险的补救

1）参加保险。餐饮企业应根据自身的情况参加与企业经营活动有关的保险，如自然灾害保险、员工人身安全保险、顾客健康安全保险等，降低企业的风险。

2）多元化经营。餐饮企业开展多元化经营可以分散风险。例如，在众多的项目中，某些创新经营项目遭受风险时，可以从其他经营项目中加以弥补。

3）运用企业形象。企业形象作为企业的无形资产，在经营过程中具有使企业规避风险的能力。在企业面临风险之际，恰当地运用企业形象是餐饮企业进行风险补救的有效方法。因此，餐饮企业应该恰当地利用广告宣传企业形象，达到减少甚至避免风险损失的目的。

4）诉诸法律。餐饮企业还可以通过诉诸法律的形式，挽回因其他企业或个人不正当行为所造成的损失。例如，毁约、不信守合同、诈骗、无理拒付等都会使餐饮企业正常的经营活动受到影响，对此，餐饮企业必须借助法律的力量挽回损失。

三、现代化管理

1. 科学技术的投入和运用

餐饮企业管理人员、普通员工和技术人员都要认识到科技进步是提高社会生产力的决定性因素，是提高企业经济效益的源泉。

（1）科技进步可以减少手工劳动和体力劳动，不仅使劳动生产率大大提高，而且也使劳动效果得到改善。例如，对于分割、切片、切丝等一些原料加工活动，机器加工的精细度是手工所达不到的；厨房采用洗碗机清洗餐具，不仅可以节约大量的人力，提高工作效率，而且可使餐具的卫生质量得到保障。餐饮企业利用现代化设备，将提高机械化和自动化程度，这样既能节约大量的人力，又能降低劳动强度。

（2）科技进步可以使各种资源得到充分利用，提高原料利用的附加价值。例如，一些国家采用了科学的种植与饲养技术，使生产出的原料在口感、色泽、形状上都体现出了很强的标准性。所以，依靠科技进步，可以加速原料开发；运用各种高效节能的烹调加工设备，积极使用和推广污染少或无污染的生产工艺，可以降低材料和能源的消耗量。

（3）科技进步可以提高企业现代化管理水平。采用现代化的设备，能不断提高员工的专业技能，促进管理手段的改进和管理方法的完善。

（4）科技进步能合理配置饮食营养结构，有利于人们改善身体素质和健康状况。

（5）加大科技投入能提高企业的知名度，促进企业快速发展。例如，"东来顺""全聚德"等国内知名老字号餐饮企业采用现代信息技术，使企业知名度迅速提高，促进了企业的发展。

2. 新技术、新设备的引进和开发

现阶段餐饮企业新技术和新设备的引进可分为两部分：一部分是厨房生产的基础设施设备，如冷冻和冷藏设备（库房）、保温设备、洗碗机、垃圾处理设备、基本的安全卫生设备等；另一部分是现代化厨房的加工设备。在引进烹饪加工设备时应注意以下几点：

（1）引进加工设备的类型应结合餐饮企业的具体经营品种和经营方式来确定，确保引进的设备能促进餐饮企业产品质量的提高。

（2）引进的设备和技术要能改进和提高我国餐饮企业现有的技术水平，尤其是经过消化和吸收后，可以大幅度提高餐饮企业现代化水平。例如，改进中餐灶头或油炸设施，可以大大缩短我国餐饮企业与发达国家的技术差距。

（3）餐饮企业在做好设备引进的同时，要依靠自身技术力量，大力研究新技术、开发新设备，使新设备更适合我国餐饮企业的具体情况。目前，我国餐饮业急需适用于中餐烹饪的先进设备，使生产从手工操作发展到半机械化操作和自动化操作，提高劳动生产率。

第五节　餐饮业经营管理趋势

连锁化经营、信息资源管理、顾客关系管理都是现代餐饮企业管理发展的重要方向。这些新的管理理念一方面符合现代企业发展的方向，另一方面也满足了顾客对服务品质不断提升的要求。

一、经营趋势

1. 特色化经营

餐饮企业的特色化经营包括许多方面，如名称、建筑风格、装饰形式、环境气氛、服务方式、饮食风味及品牌等。餐饮产品表现出足够的差异性，使顾客易于识别，从而达到更高的购买率。

2. 连锁化经营

我国采取连锁经营方式的餐饮企业越来越多，且发展速度明显加快。连锁经营显示出强大的市场潜力，成为企业发展与壮大的重要途径。一般而言，加入连锁经营的失败率要比独立餐厅低得多，调查显示，采用连锁经营形态的餐厅的成功率在 95% 以上。所以，连锁形态的经营方式将是餐饮业发展的必然方向。

3. 集团化经营

随着市场竞争的加剧，我国餐饮企业开始向集团化发展，包括成立管理公司、采用多种形式的连锁经营等，这种趋势是符合当前餐饮业发展潮流的。一家一户的小餐馆不能形成群体优势，服务规范和管理标准缺乏统一性，而发展专业化的集团管理则优点多、优势大，不仅能增强市场竞争力，而且管理标准统一，采购物品质量标准化，这样有利于增收节支，有利于提高管理水平和服务质量，有利于与国际水平接轨。

4. 多元化经营

随着餐饮企业数量的增加和档次的提高，餐饮企业传统的单一化经营方式已不适应市场形势，正逐步向多元化经营发展。从 20 世纪 80 年代末开始，多种新型餐饮业形式在我国的餐饮市场迅猛发展起来，改变了餐饮市场格局，对提升我国餐饮业水平起到了积极的作用。自我国加入世界贸易组织后，餐饮市场的多元化趋势得到了进一步加强。因此，餐饮企业在进行自身定位时，必须对这种趋势有所认识，积极拓宽经营领域，发展多元化经营，增强整体实力和市场应变能力，提高经济效益和抗风险能力。

二、管理趋势

1. 强化品质管理

进一步拓展品质的内涵，将顾客满意、员工满意、企业形象等都纳入品质范畴，运用科学、准确的方法分析市场，建立制度、维持品质、强调卫生、讲究服务、增加气氛、提高休闲效果等是餐饮管理的治本之策。

2. 规范操作管理

餐饮企业无论是管理还是服务都要符合国家标准并与国际标准接轨，才能顺利发展。按标准规范企业经营活动，有利于快速提高餐饮企业管理水平。餐饮企业涉及的标准主要有餐饮产品的质量标准、服务标准、卫生标准、定价标准、生产标准，以及餐饮设备设施及餐饮场地规划标准等。积极引导餐饮企业采用国际标准，在餐饮行业推广国际标准和国家标准认证，有利于推动传统餐饮业向现代餐饮业转变，有利于加速餐饮企业向集团化、产业化、国际化转型升级。

3. 信息资源管理

餐饮企业要建立信息中心或市场开发部，并与所在地区行业和有关的信息网络建立密切联系，以便及时抓住经营和发展机会。餐饮企业要利用信息资源管理和组织企业的经营活动，使企业经营管理工作更为现代化。

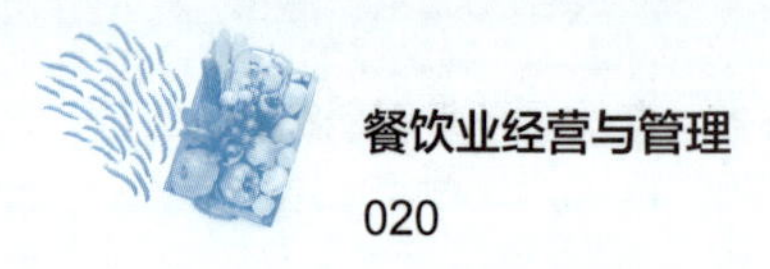

4. 企业文化管理

餐饮企业是一个实体，是一个集设计与运作于一体的系统，包括生产系统、服务系统、操作系统等。在这个系统里，文化是一种传承、一种延续，企业的任何政策、方法都必须根植于此。企业文化需要长年的累积及创造，并最终成为一种传统。

5. 团队集体管理

餐饮企业要构建团队精神。只有善待员工，员工才能更好地服务于顾客；员工的人格受到充分尊重，能力得到充分肯定，才会对企业产生信心与向心力，才能在工作岗位上安心工作。员工只有在一个和谐环境中工作，才能积极参与企业各方面、各环节的管理，关心企业的成长，为企业发展提建议、出主意，以更亲切的态度服务顾客，留住顾客。

6. 人力资源管理

我国已制定了餐饮业职业经理人标准。该标准要求餐饮业经理人必须精通现代餐饮经营管理知识，懂得连锁经营、品牌管理、技术创新知识，掌握餐饮业的技术与政策法规，具有良好的管理业绩表现。餐饮业职业经理人分为职业经理人和高级职业经理人两个等级。餐饮企业将通过市场取得生产要素，逐步聘用专业的经营管理人才组织生产经营活动，实现企业效益的最大化。

三、新型餐饮企业的经营管理

1. 顾客关系管理

进入网络时代，信息的应用使得顾客关系管理更加重要。在消费意识高涨的时代，多关心顾客、多接触顾客是企业的生存之道。通过顾客关系管理，餐饮企业可以向顾客提供有效信息，使顾客感受到关怀、感动，从而提高顾客对企业的忠诚度。这是餐饮企业除产品口碑之外，重要的关系维系方式。

2. 经营体制管理

面临西式连锁餐饮的冲击，加上国内新兴餐饮业态的发展，连锁经营或经营体制的改善势在必行，经营管理系统的健全更加重要。ISO 9000 认证系统的引进、GSP 认证和 HACCP 认证的导入、“顾客满意”提升到“顾客感动”、教育训练的落实、标准化作业的规划等都是强化经营体制管理的方法。

3. 经营效率管理

满足顾客的需要、与竞争者相比更快速地为顾客提供服务等，都是餐饮企业的经营优势。快速响应的方法可以让企业在极短时间内做出决策，可以对顾客的需要及偏好做出更快的反应，从而获得更高的消费忠诚度。

4. 合作伙伴管理

餐饮企业保持与供应商的良好合作关系，将能改善货品的品质、送货时间、销售及财务绩效等，长期的合作伙伴关系也有助于供应商改善生产用机械设备、提高生产人员技术水平。同时，给供应商较长的前置时间和制定产品品质目标，有利于提高产品及服务品质，也有利于降低成本。所以，对合作伙伴的管理必须特别加强垂直整合的效益。

5. 经营形式管理

餐饮业经营者将通过电子信息的应用、服务软件的增强等，使餐饮服务层次提升到个性化服务，这将成为市场竞争的核心策略之一。餐饮企业可以根据顾客的消费习性、消费频次、消费背景，做到最适当的个性化服务，并可以将媒体广告做最佳投入运作，使顾客获得更多的服务感动，成为餐饮企业的忠诚客户，这将是 21 世纪餐饮服务的新模式。

思考与练习

1. 餐饮企业的特征是什么?
2. 餐饮消费市场的基本特征是什么?
3. 如何理解餐饮企业在经营中存在的问题?
4. 餐饮企业经营管理质量效益目标涉及哪些内容?
5. 如何将餐饮企业经营管理的目标运用到实践中?
6. 餐饮企业经营管理的趋势是什么?

第二章
餐饮业经营类型

学习目标

1. 了解传统餐饮业经营的类型。
2. 了解自助餐饮业经营的类型。
3. 了解创新餐饮业经营的主要形式。

餐饮业的经营类型日趋多样化和专门化，已形成了种类繁多、丰富多彩的局面 。餐饮业经营类型是餐饮经营、投资决策的重要方面，经营类型不同，所面对的市场也有所不同，在经营管理上各具特色。

第一节　传统餐饮业经营类型

传统餐饮业经营类型大致可以按照两种标准分类：一是按照市场目标分类，二是按照经营产品特色分类。

一、按照市场目标分类

按照市场目标不同，传统餐饮业经营类型可分为普通大众型和高级豪华型。

1. 普通大众型

普通大众型餐饮企业在传统餐饮业中数量最大，常称为酒家、饭庄，其特点是经营品种丰富，菜品风味突出，经营档次以中低档为主，面向大众经营，如图 2–1 所示。

图 2–1　普通大众型餐饮企业

（1）基本特征

1）餐厅布局合理，装饰风格突出，就餐环境舒适且具有特色。

2）餐厅设有男、女卫生间，内设有洗脸、干手器等设施和用品。

3）强调按程序、规范完成餐桌服务。

4）厨房各个功能区域设计合理，有专门的洗碗间和消毒设施，与餐厅之间有隔油烟、气味的设施。

5）菜单内容丰富，以经营一种菜系为主，兼营其他风味特色的菜品，适应大众口味。

6）主要面向大众，吸引婚寿宴会团体客、会议客及商务客。

（2）经营特色

1）注重就餐环境。表现在：一方面，营业区域卫生条件良好；另一方面，在餐厅布局、装饰上突出某种风格，为顾客提供一种带有文化品味的就餐环境。

2）增加各种吸引顾客的服务内容。例如，餐厅内增设歌舞表演、采用透明厨房等，通过吸引回头客提高上座率和座位周转率，扩大经营规模。该种餐饮企业在现代经营中必须具有某一方面的菜品特色。

3）就餐区域较传统的大厅服务有所发展。增设雅座间、KTV 包房等小区域，既满足了大多数顾客喜欢热闹的需求，同时也满足了团体顾客和散客就餐的安静、隐秘等不同需求。

4）点菜、上菜服务方式采用了现代化的手段，如使用电子点菜系统，使服务更加迅速。

5）在保持菜系特色的基础上，通过菜品的创新与组合降低成本，提高经济效益。

2. 高级豪华型

高级豪华型餐饮企业在餐饮业享有很高的声誉，其餐具高档、设施设备昂贵、装饰装修高雅（见图 2-2）、外部景观豪华，有一流的厨师制作精美的菜品，有经验丰富的专业服务人员提供周到细致的服务。

（1）基本特征

1）餐厅装饰豪华，环境雅致，同时，在餐台侧另辟有餐前和餐后的专用休息室或休息区。

图 2-2 高级豪华型餐饮企业

2）厨房宽敞，布局合理，卫生一流，洗刷、消毒设施齐全，通风良好。

3）每个楼层分设男、女卫生间，装饰材料高档豪华，使用高级洁具，配有自动干手机、洗手盆、半身镜、卫生纸、洗手液、冷热水等，并设有专门的服务生。

4）周围环境高雅宜人，有停车场。

5）配备数量充足、技术一流的烹调师和营养师，食品制作精美。

6）配备高素质的餐厅服务人员，能熟练掌握和运用服务技术和服务方式，提供高水准的服务。门厅前有迎宾员、引领员，一切项目服务到桌。

7）菜品具有特色，内容丰富，特别强调营养。菜单设计精致。

（2）经营特色

1）经营成本高，价格昂贵。这与餐饮企业昂贵的菜品成本、人力成本和高档装修及设备是分不开的。

2）配有一流的烹饪和服务专业人员。

3）主要客源是高级商务人士和社会名流。

二、按照经营产品特色分类

按照餐饮企业经营产品的特色不同，餐饮业经营类型可分为主题型、风味型、酒吧型和快餐型。

1. 主题型

主题型餐饮企业通过特殊环境布置、特殊装饰或娱乐安排等，全方位创造

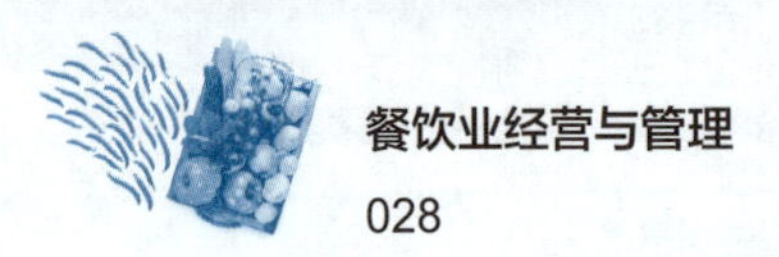

出具有特定文化主题的餐厅，如图 2-3 所示。主题型餐厅经营规模一般不大，提供餐桌服务，经营的餐饮品种有限，但富有特色，为顾客提供特别的环境氛围和文化感受，满足顾客对餐饮产品更高层次的需求，价格比普通大众型餐厅要高。

图 2-3　主题型餐饮企业

（1）基本特征

1）主题型餐厅的客源市场主要是追求某种情调或感受某种文化氛围的顾客。

2）餐厅服务不仅要满足顾客用餐需要，更要满足顾客对气氛和环境的享受需要。

3）主题型餐厅的菜品、服务、人员服装服饰、装饰装修等应与其主题保持统一。

4）通过室内外装饰装修的独特性和系列活动，创造一种特定情调和风格。

5）主题型餐厅的经营具有利润高、风险大的特点。

（2）经营特色

1）具有丰富的社会文化和人文内涵。

2）顾客在用餐过程中同时感受到周围情调和风景。

主题型餐厅的形式需不断创新，以适应市场的需求变化。开发主题型餐厅应将餐厅的情调与户外活动联系起来，使其更具有文化性、趣味性。

2. 风味型

风味型餐饮企业经营具有地方或民族特色的菜品，并以其特定风味吸引顾客，如图 2-4 所示。风味型餐厅可分三类：一是经营风味菜系，二是经营风味菜品，三是经营地方或民族风味小吃。风味型餐厅要具有明显的地域性，必须强调菜品的正宗、地道。

图 2-4　风味型餐饮企业

（1）基本特征

1）风味型餐厅专门经营特定风味的系列菜品，菜品的品种少，但突出风味特色，如海鲜餐厅，或供应具有某一地方风味的菜品，如川菜馆、粤菜馆、潮州菜馆等，或经营某一国家或民族的风味菜品，如墨西哥菜馆、意大利菜馆等，或供应满足顾客某一特定需要的菜品，如药膳餐厅、素食餐厅等。

2）风味型餐厅装潢简单随意，气氛轻松和谐，与经营菜品的地方或民族风格相一致，但不降低卫生档次和服务标准。

3）风味型餐厅实行简化了的餐桌服务方式，即是一种非正式、简便而经济的服务方式，具有家庭气氛，使顾客有亲切感。

4）员工数量有限，在业务旺季需临时雇工。

5）餐具种类有限且简单。

（2）经营特色

1）吸取各种风味菜的精华，经营品种多样化。

2）以高档、规范的服务为特色吸引顾客。

3. 酒吧型

酒吧型餐饮企业包括咖啡厅、啤酒吧、葡萄酒吧、茶座（茶吧）等。酒吧是为顾客提供饮料、娱乐、休闲的社交场所，如图 2-5 所示，供应的饮料通常包括酒精饮料和无酒精饮料。

图 2-5　酒吧型餐饮企业

（1）基本特征

1）酒吧是以某一主题休闲娱乐项目为依托进行经营的。因休闲娱乐主题项目的不同呈现多种类型，如钢琴吧、氧吧、陶吧、网吧、迪吧等。

2）酒吧特别强调色彩和灯光布置，配以和谐的音乐，营造特定的氛围。

3）酒吧经营时间一般是从傍晚开始到深夜，个别的甚至营业到清晨，是人们夜生活的主要场所之一。

4）酒吧的服务方式有两种：一是站立式吧台服务，顾客在吧台前点所需饮品，喝上一两杯后很快离开，这是传统的服务方式。二是座位式酒吧服务，酒吧内设有桌椅及雅座，顾客边品尝饮品边观赏娱乐节目，各类食品、酒水、饮料等由服务人员服务到桌。

（2）经营特色

1）主要满足人们休闲娱乐和社会交往的需要，营业高峰时间大多是在晚上。

2）客源群体较稳定。

3）强调氛围的营造。酒吧的主题项目需不断更新，才能长期吸引客源。

4）以娱乐作为招徕顾客的手段，以酒水销售作为盈利的基础。

5）投资少，收益大。

4. 快餐型

快餐型餐饮企业以标准分量、标准价格的形式提供快速餐饮服务，如图 2-6 所示。快餐店一般规模不大，食谱较简单，服务方便快捷，用餐时间较短。快餐店的基本特征有以下几个方面：

图 2-6 快餐型餐饮企业

（1）多采用挂牌式的菜单，简单明了，但菜品少。

（2）食品制作多采用类似工厂的机械化生产方式，制作成本低廉。

（3）菜品相对固定，新菜品反倒不易被顾客接受。

（4）菜品采用标准分量、标准价格、标准菜单，服务迅速高效。

（5）只提供有限的服务，顾客接受半自助式服务。

（6）食品成本较低，菜品价格便宜。

（7）装饰突出主题，广告比当场的推销活动更有助于营造用餐气氛。

（8）正在向规模化、集团化、连锁化方向发展。

第二节　自助餐饮业经营类型

自助餐是建立在人们追求自我服务、自我完善的行为基础之上的一种现代餐饮经营方式。自助餐不仅快速方便、节省时间，而且能让顾客拥有最大的选择权，并得到最大的满足，就餐过程轻松自如。

一、普通自助型

普通自助型餐饮是将菜品和餐具按人们的就餐习惯，全部摆放展示在长桌或柜台上，由顾客自己拿取餐盘、餐具后，亲自选取喜爱的食品和饮料，并找到座位就餐的一种经营形式，如图 2–7 所示。

图 2–7　普通自助型餐饮

1. 基本形式

（1）自助餐会

自助餐会可分为中式、西式和中西结合式。在餐会开始前应提前将提供的名菜佳肴和其他食品烹调为成品，与酒水、饮料一起摆放在展示台上，供前来用餐的顾客自取自用。我国餐饮企业除提供西式餐品外，还增添了中式热菜、烧烤。自助餐会一般设有桌子、椅子供顾客自由选择就座。

（2）鸡尾酒会

鸡尾酒会通常以向顾客提供鸡尾酒和饮品为主要服务项目，附带供应一些小食品，如花生、乳酪、馅饼、炸土豆片、油炸虾片等。顾客多是立食，自由走动、交谈，自行选取食物和饮料。鸡尾酒会多与大型宴会相伴，一般在宴会前举行，也有在记者招待会、新闻发布会、签字仪式等活动后单独举办的。

2. 经营特色

（1）菜品位置和次序按照进餐顺序排列，以便于顾客能够按照菜品摆放的顺序自然形成取菜路线，避免混乱或冲突。

（2）所有菜品同时摆放在柜台上任顾客挑选，热菜要使用保温台摆放。

（3）强调厨房和餐厅间的配合与协调。

（4）服务员及时检查餐桌上菜品的供应情况，发现有菜品仅剩余 1/3 时进行添加，及时扫清地面和擦净餐桌，并及时补充餐具。

（5）没有固定的菜单，顾客需要根据展示台上的菜品种类进行挑选。

（6）突出顾客的参与性和自我满足感。

二、点菜式自助型

1. 基本形式

点菜式自助型餐饮是快餐与传统自助餐相结合的一种经营方式，如图 2-8 所示。

2. 经营特色

（1）装潢讲究实用。

（2）没有印制的菜单。菜品标有名称并展示给顾客，部分菜品当场配制，并设有自助点菜系统。

图 2-8　点菜式自助型餐饮

（3）食品的平均价格较低。

（4）有明显的顾客购买通道，顾客按次序向柜台内的服务人员点菜。

（5）顾客可以自由取用咖啡、糖块、餐具和餐巾。餐厅内常常安置一个食品箱架，内有听装饮料、牛奶、乳制品、水果和甜点，有时用自动售货机供应。

（6）服务人员较少。

三、火锅式自助型

1. 基本形式

火锅式自助型餐饮是将传统火锅与自助餐相结合，由顾客自己选料，利用现代餐饮的设备、器具自己煮、涮、烤的一种经营方式，如图 2-9 所示。

图 2-9　火锅式自助型餐饮

2. 经营特色

（1）服务人员提前将各种原料洗切、加工好，摆放在柜台上或传动的盛器内，由顾客自选自取。

（2）每人配备一只小火锅，顾客可以将自己选取的鱼、虾、蟹、肉、豆腐、青菜等各种原料在火锅中制熟后食用。顾客可以按照自己的口味调制配料，但在特色火锅的餐厅内，有专门人员向顾客提供配料服务，顾客在配料的基础上自行制熟，即可品尝到独具风味的菜品。

（3）提升了顾客的参与性，且有助于形成轻松、热烈、愉快的气氛，便于社交活动。

四、超市型

超市型餐饮是借鉴零售业中超市的布局原理，采用开架陈列、自我选择等方式，结合餐饮企业经营特点改良而成的一种独特的经营方式，如图 2–10 所示。

图 2–10　超市型餐饮

1. 基本形式

一般餐饮超市分为选食区、操作区、食街区和就餐区。

（1）选食区内各种海鲜、肉禽、蔬菜、水果、饮品、调料等一应俱全，顾客既可以自选熟食食用，也可选半成品或鲜活食品送去加工。

（2）操作区是透明式的厨房，顾客可以自选厨师，观看挂牌厨师表演，也可亲自动手烹制。

（3）食街区是现代化的大排档，现制现吃，整个过程透明，气氛热烈，情趣盎然。

（4）就餐区布局整齐有序，干净舒适，音乐舒缓，服务员彬彬有礼，环境温馨幽雅。

2. 经营特色

（1）借鉴零售业超市的运营原理，开架陈列，自由选择。顾客自选原料，能最大限度地保证所用原料的新鲜度，满足了顾客对菜品新鲜、洁净、卫生的需求，提高了顾客对菜品质量的信任度。

（2）充分运用先进的冷藏设备和保鲜技术。超市陈列的开启式、透明化的布局，要求原料、菜品有良好的保鲜环境，以满足顾客对原料鲜活的需求。超市餐饮对冷藏、保鲜技术和设备的要求提高，因此需要企业的经营管理向标准化、专业化和科学化方向发展。

（3）当场过秤、明码标价，可以使顾客产生斤准两足、货真价实之感。

（4）由顾客选定烹饪方式，当场烹制，能最大限度地满足更多顾客的不同口味要求。

（5）打破传统前堂后灶的经营布局，厨房采用透明化或开放式布置，强化了厨师和服务员的卫生意识，使顾客对厨师、炊具、炉火、烹制过程一目了然，用餐环境更卫生。

第三节　创新餐饮业经营类型

创新是餐饮业生存和发展的基本动力。全面创新是中国餐饮业发展的必经之路。

一、外卖型

外卖型餐饮主要是采用保温式运输设备，按顾客的时间要求把厨房烹制好的菜品送到指定就餐场所的经营方式，它开辟了大众消费的新领域。

1. 种类

（1）电话、网络订餐式

顾客在家中、单位或其他地方，因工作繁忙等各种原因不能到餐厅就餐，可以通过电话、网络预订，由餐厅送餐上门。

（2）公司午餐式

餐厅为固定的企事业单位制作午餐并按时送到指定地点。

（3）零点外卖式

零点外卖式是指顾客在餐厅点餐后，将餐品带出餐厅消费的模式。这种经营方式不但节省了顾客的时间，而且不占用餐厅的座位，有利于座位的周转。

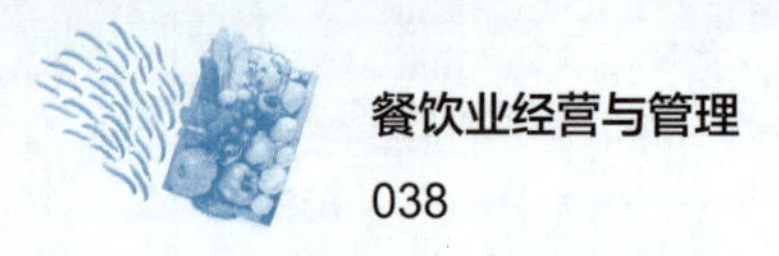

2. 优点

（1）方便顾客

外卖式经营面向没有时间光顾餐厅的顾客，为他们提供了方便。这种餐饮形式适应了快速发展的社会节奏，为人们带来了极大的方便。

（2）避开高峰

外卖大都是提前预订的，所以餐厅可以有计划地进行准备、制作和送餐，同时又避免了顾客在同一时间内挤占就餐座位的局面。

（3）提高效益

外卖式快餐是在人们工作强度、生活节奏加快的情况下产生的，它以快捷、方便的特点吸引广大顾客，拓宽了餐厅的销售渠道，提高了餐厅的销售额。

二、无店铺型

无店铺型餐饮是只需一间办公室、一个原料加工车间，由合同厨师按要求到指定地点烹制菜品的经营方式。此种类型的餐饮以标准化的菜单向顾客提供上门服务，顾客只需电话预订，厨师就会带足原料在顾客的家中或指定地点进行现场服务。这种餐饮形式的优势主要体现在以下几点：

1. 对餐饮企业来讲，不需要店堂、餐位、服务员，节省了开支，降低了成本。

2. 对顾客来讲，用餐过程没有时间限制或约束，还能创造符合家庭或企业特殊活动需要的轻松自在的气氛，而且，这种经营方式成本低，所以菜品售价也较低。

三、休闲型

休闲型餐饮是娱乐休闲与餐饮经营相结合的一种经营方式，如图 2-11 所示。

1. 基本形式

（1）餐饮经营与民乐演奏相结合

民乐融入餐饮经营在我国已有悠久的历史，只是不同时期所起的作用不同。民乐具有相当高的艺术品位，富有民族文化特色，能吸引许多中外顾客，并带动餐饮经营，刺激消费。

图 2-11 休闲型餐饮

（2）餐饮经营与西洋音乐相结合

西洋音乐一般由钢琴、小提琴、萨克斯等演奏，顾客可以在就餐过程中起身随乐起舞，为餐厅营造了一种优雅、高贵的气氛，与此同时，餐厅的环境布置也应具有西方特色，满足顾客追求的气氛。

（3）餐饮经营与歌舞表演相结合

具备条件的餐饮企业会配备一定大小的舞台。具有民族特色的歌舞表演能吸引顾客光顾，餐厅收益也会随之上升。

（4）餐饮经营与曲艺表演相结合

目前，餐厅中的相声表演变得十分流行。相声以语言为工具，凭借演员富有变化的说、唱、手势、身姿及步伐，让顾客在就餐过程中开怀一笑、身心放松。另外，餐厅还可引进杂技、魔术等表演节目。

（5）餐饮经营与时装表演相结合

在宴会中欣赏一场高水平的时装表演，不仅可以给人以综合性的美感享受，也显示了餐厅高雅的艺术情趣。顾客在用餐的同时，可以体会到音乐的节奏美，观赏到体态的动作美、造型美和色彩的视觉美。

（6）餐饮经营与参与歌舞相结合

参与歌舞主要强调顾客的参与性，要求顾客全身心地投入、尽情地舒展和放松。人们在豪华、讲究的优雅气氛中边进餐，边品饮料，边交流，既可以潇洒地舞一回，也可以静静地欣赏音乐。

（7）餐饮经营与其他休闲活动相结合

现代餐饮企业引入了一些休闲方式，如将垂钓休闲与餐饮经营相结合，使餐饮企

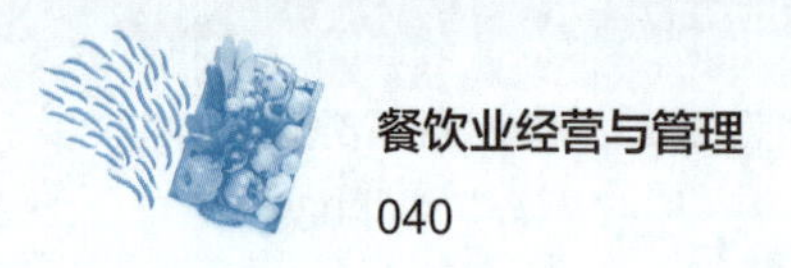

业经营内容更加广泛，吸引力更强。

2. 主要功能

除休闲功能外，休闲型餐饮为餐饮企业赋予了新的功能——社交功能和商业功能，也给餐饮经营者带来了丰厚的利润。

（1）社交功能

人们在娱乐活动中可以结识朋友，扩大社交圈，通过各种娱乐活动表达对朋友的祝福、思念等情感。同时，通过共同的爱好，素不相识的人们也可以加深相互之间的了解，共坐一桌谈天说地，互相交流。

（2）商业功能

对于习惯在饭桌上谈生意的顾客来说，和谐优雅的环境可以淡化彼此的分歧，优美的音乐使人情绪缓和，更有利于增加彼此的了解，顺利地达成协议。

（3）休闲功能

娱乐项目使传统的以饮食为经营内容的餐饮企业增加了休闲的环境和氛围，增加了就餐的情趣。人们通过餐饮中的娱乐活动表达自己的情感，顾客本人的自我实现心理也会相应地得到满足。

餐饮企业的新功能不仅弘扬了传统的饮食文化，而且给餐饮经营带来了生机。

娱乐形式与餐饮经营相结合的最终目的是带来经济效益。娱乐活动无论是免费还是计时收费，都应该把各种消耗计算在成本之内，各种收益也要计算在利润之内。因此，在对娱乐项目进行投资时，要认真分析其可能带来的经济效益以及对餐饮所起的作用。将娱乐形式与餐饮经营相结合时，一定要进行科学的、理性的分析，真正使娱乐活动带动餐饮经营的发展，真正给经营者带来预期的经济效益。

四、餐吧型

餐吧型餐饮是餐厅与酒吧相结合的餐饮经营方式。餐吧既有酒吧式的环境气氛，又有餐厅经营的品种，如图 2-12 所示。餐吧经营的菜品以西餐为主，兼营中餐，饮料比较齐全，既有佐餐用的酒水如葡萄酒等，又有满足人们休闲需求的饮品如咖啡、茶、鸡尾酒等。这种餐饮形式的优势主要体现在以下几点：

一是餐吧将厨房搬进餐厅，使顾客与厨师面对面，给顾客一种全新的美食体验。二是餐吧更加注重营造环境气氛，就餐席位保持一定距离，能保证顾客用餐的私密性，使顾客能相对安静地与朋友交谈。三是餐吧室内设施布置既具备酒吧的特点，又兼顾顾客用餐，并将两者完美结合。

图 2-12　餐吧

思考与练习

1. 普通大众型餐饮企业的特点是什么？

2. 高级豪华型餐饮企业为什么要强调配备一流的厨师和服务员？

3. 主题餐厅的基本特征及经营特色体现在哪些方面？

4. 比较传统型餐饮企业与自助型餐饮企业的异同。

5. 比较无店铺型餐饮与外卖型餐饮的异同。

6. 休闲型餐饮的发展说明了什么？

第三章
餐饮业经营策划

学习目标

1. 了解餐饮业经营策划的内容和步骤。
2. 掌握餐饮市场调查分析、确定目标客源，以及选择经营方式的方法。
3. 掌握餐饮企业选址、命名与标牌设计，以及餐饮企业组织结构设置的方法。

合理的经营策划是餐饮企业成功的关键。餐饮企业经营策划涉及许多相互关联的因素，必须对这些因素做全面的调查与分析，找出相互关系及对企业的影响程度，才能为企业经营决策与规划提供依据。

第一节　餐饮目标市场确定

餐饮业市场很大，任何一家餐饮企业都不可能占领整个市场、拥有每一位顾客，因此，餐饮企业应该将营销方向集中到目标市场上。餐饮企业确定目标市场需要结合自身所具备的条件并考虑各种其他因素，才能做出正确决策。

一、目标市场的划分

1. 目标市场划分的标准

影响餐饮消费需求的因素不仅是多方面的，而且非常复杂。顾客的生活环境、社会地位、生活方式、性格、购买行为等对餐饮消费的需求都有不同程度的影响，从而使顾客的餐饮消费需求多种多样、千差万别。这些影响因素的区别就是市场划分的依据。

（1）以人口学因素为标准

1）年龄标准。年龄是餐饮市场划分中最常用的标准。人们在不同的年龄阶段，对餐饮消费的需求往往有很大的差别。餐饮市场一般根据儿童、青年、中年、老年等标准进行划分。按年龄标准划分的餐饮市场较具有现实性，因为处于人生历程各阶段的顾客一般都会根据自己的收入状况、家庭情况支配自己的购买行为。

2）性别标准。酒吧、咖啡屋等特殊类型的餐饮企业一般可根据性别特征确定目标市场。男性顾客在消费行为和消费动机等方面与女性顾客有很大差别。例如，在进行

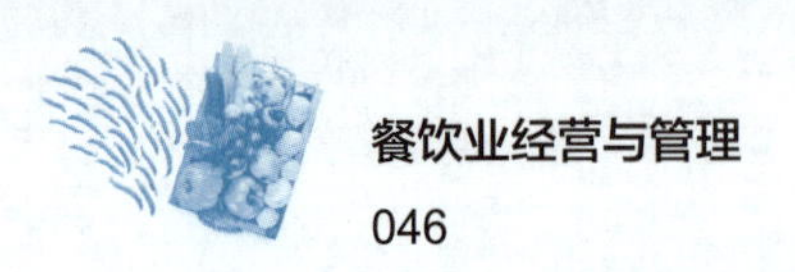

餐饮消费时，女性比较关注环境和价格，消费比较犹疑，男性更注重服务和整体感受，能比较果断地做出消费决策。因此，顾客的性别也是影响餐饮和餐饮经营的重要因素。

3）家庭结构标准。家庭结构直接影响家庭负担及家庭消费行为。餐饮市场一般更加注重满足单身族、丁克族以及三口之家的消费需求。据调查，年轻的三口之家不仅在外用餐的频率高，而且每次的消费额也较高。

（2）以社会经济因素为标准

1）教育标准。受教育程度不同的顾客在志趣、生活方式、文化素养、价值观念等方面都会表现出一定的差异，从而影响到他们的餐饮消费行为和消费习惯。例如，受教育程度高的顾客对餐饮消费的卫生条件、环境布置的要求比较高。

2）职业标准。顾客的职业不同也会引起消费差异。这种差异，部分原因在于从事不同职业的人所获收入的不同，但相当一部分差别却是由职业特点引起的。例如，公司职员因时间关系一般只能以便捷的快餐为午餐，营销人员要经常进行商务交往，餐饮企业可以根据这些特点适时推出各种快餐和商务餐。

3）收入标准。收入水平的高低不仅决定着消费需求的高低，而且也决定着消费层次的高低。收入还会影响消费行为、消费习惯等方面。高收入者在进行餐饮消费时，主要考虑菜品的质量与服务，对价格考虑较少；低收入者则会经常考虑菜品是否经济实惠、质价相符。

（3）以生活方式为标准

生活方式的类型有很多，如享乐型、朴素型、时髦型等。特别是随着社会的进步，人类物质生活水平的提高，人们在温饱等低层次的需求得到满足之后，就会在自我价值、自我实现方面提出更高的要求。因此，餐饮企业以生活方式为标准划分市场，根据不同消费群体的生活方式、个性及所处的社会阶层，有针对性地改善餐厅环境，提高菜品质量，就显得更为重要。

2. 目标市场划分的作用

市场划分作为餐饮企业选择目标市场的基本环节，其作用主要有以下几方面：

（1）有利于餐饮企业分析和发掘新的市场机会

通过市场划分，餐饮企业不仅可以了解市场的整体情况，还可以较具体地了解每一划分市场的实际购买量、潜在需求量等，从中分析市场需求的满足程度。那些尚未得到满足的需求就可能成为企业选择目标市场的依据。同时，市场划分还可以增加企业对市场情况的认识深度，有利于企业预测产品的购买量和潜在需求量，便于企业动态地掌握顾客对产品的满足程度和同类竞争产品的优缺点，使企业不断地对自己的产品进行改进、创新，适应市场变化。

（2）有利于餐饮企业有针对性地制定和调整市场经营策略

企业可以针对各个划分市场的具体情况，制定与其相适应的经营策略，有的放矢地开展营销活动，满足不同划分市场的需要。

（3）有利于餐饮企业集中自身优势投向最有利的目标市场

经过市场划分，餐饮企业可根据自身优势和各个不同划分市场的需求特点，调整产品种类和生产经营规模，使企业的有限资金和物质资源集中到适销对路产品的生产经营上去，发挥其最大的经济效用。力量单薄的小型餐饮企业在整体市场上缺乏强有力的竞争手段，但可通过市场划分，选择一个或几个符合自己能力的划分市场作为目标市场，并集中全部力量去夺取局部市场上的相对优势。

二、目标市场的选择依据

目标市场是指经过市场划分后，餐饮企业准备以相应的产品去满足其需要的一个或几个划分市场。简单地说，目标市场就是餐饮企业当前和今后一段时期内主要的客源市场。目标市场的选择应注意以下几个方面：

1. 目标市场有一定的需求规模

需求规模包括现实需求规模和潜在需求规模。餐饮企业开发一个新的市场，需要付出相当大的代价，承担很大的经营风险。若市场现实需求规模过小，虽有潜在需求，企业进入后仍达不到规模效益，产品成本陡增，就会无利可图；若市场只有现实需求而缺乏潜在需求，企业虽能短期盈利，但不利于较长时期的发展。

2. 目标市场尚未被竞争对手完全占领

餐饮企业必须了解目标市场中的竞争状况，即竞争者是否已完全占领目标市场这一现实状况以及潜在竞争情况等。如果目标市场尚未被竞争对手完全占领，企业进入市场后可充分发挥自身优势，占据一席之地。如果竞争者几乎已经完全占领了目标市场，那么除非本企业竞争实力足够强，进入目标市场后能与竞争者正面竞争，否则，企业不要盲目进入。

3. 目标市场与企业经营能力适应

企业选择目标市场，既要考虑该划分市场的客观条件，更要分析企业自身对该划分市场的适应能力。只有当划分市场与企业人力、物力、财力及经营管理水平等主客

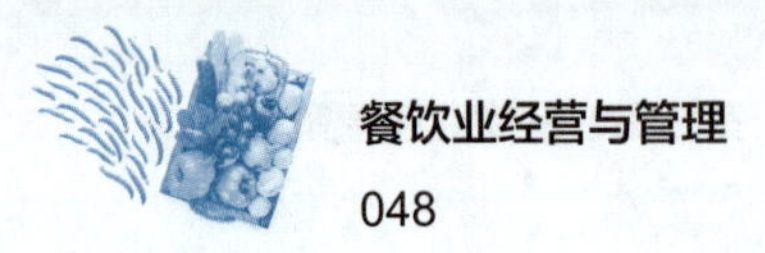

观条件相适应时，才能作为企业的目标市场。

三、目标市场的调查研究

1. 顾客情况调查研究

（1）现有顾客的数量。

（2）现有顾客的地区分布情况。

（3）顾客的消费习惯和偏好。

（4）顾客的消费动机。

（5）顾客餐饮消费的档次及频率。

（6）顾客对餐饮业的信赖程度和满意程度。

（7）顾客的收入情况及餐饮支付来源。

（8）顾客餐饮消费需求特征。

（9）顾客的口味特征。

（10）潜在顾客的调查分析。

2. 顾客需求调查研究

顾客对同一类菜品的质量、分量、装饰、价格、服务等方面的具体需求都会影响餐饮企业经营。具体包括以下内容：

（1）开设餐厅的类型，包括服务类型、餐厅环境、服务方式、服务项目等。

（2）餐厅设立的项目，包括快餐、自助餐等。

（3）餐厅营业的时间，这关系到餐厅的营业和厨房的准备工作。

（4）菜品分量的多少。

（5）顾客消费的意愿，这关系到菜品及其他成本的投入以及餐饮企业制定价格的策略。

（6）顾客偏爱的装潢风格、流行色。

（7）提供饮料的品种。

（8）顾客对餐厅服务和菜品品种、特色菜的需求和偏爱。

（9）顾客对背景音乐的需求。

3. 餐饮市场行情调查研究

（1）餐饮市场的需求总量和它的饱和点。

（2）现有餐饮市场的地区分布情况。

（3）现有餐饮市场的可开发性和销售量增长情况。

（4）餐饮市场的可替代产品情况。

4. 竞争对手调查研究

相对于其他行业，餐饮企业需要的投资少，生产技术简单，菜品的可替代性强，这使得餐饮市场的竞争非常激烈。所以，绝对不能忽略对竞争对手情况的调查研究。对竞争对手的调查研究包括以下内容：

（1）竞争对手在餐饮质量、品种、服务方面的优缺点。

（2）竞争对手的餐饮产品价格和定价策略。

（3）竞争对手的市场促销手段和费用支出。

（4）潜在竞争对手的情况。

四、目标市场的客源确定

1. 顾客群体的数量估算

餐饮企业选择好目标顾客群体以后，要大致估算潜在目标顾客的数量。这种估算对于餐厅面积、座位数的确定，以及餐厅经营规模的决策十分重要。

2. 市场区域的客源结构

客源结构一般包括年龄结构、职业特征、收入水平、家庭规模、教育水平、性别、婚姻状况、宗教信仰等参数。

3. 消费群体的情况分析

餐饮消费群体是构成餐饮企业消费的基本单位。

（1）根据消费数量，可分为团体客、会议客、散客。

（2）根据顾客消费频率和对企业的信赖、忠实程度，可分为常客、一般客、新客。

（3）根据顾客用餐的性质，可分为商务（公司）用餐群体、会议用餐群体、家庭用餐群体、工薪用餐群体、单身用餐群体、青年聚会用餐群体、旅游（出差）用餐群体和行政部门招待用餐群体。

第二节　餐饮经营方式选择

所谓餐饮经营方式，就是餐饮企业面对不同商圈顾客群时，根据自身条件采取的相应的经营方法。多样化的餐饮经营方式为顾客带来了档次高低、品种多寡、价格贵贱、服务繁简等不同体验，也为企业自身生存培育了不同的土壤。

一、选择经营策略

餐饮企业的经营策略主要包括无差异性策略、差异性策略和密集性策略。选择经营策略主要应考虑以下因素：

1. 企业实力

企业实力主要包括资源能力、生产能力、销售能力等。如果企业实力雄厚，可以采取差异性策略扩大市场，如果企业实力有限，最好采用密集性策略，否则会分散有限的资源。

2. 产品特点

对于质量稳定、知名度高、市场信誉好的产品，如采用特许经营的麦当劳产品，一般适于采用无差异性策略；而对于一般的餐饮企业，为扩大影响，创出特色，一般宜采用差异性策略。

3. 产品寿命

在产品的不同寿命阶段，应采取不同的营销策略。一般来说，新产品投放市场，竞争较少，适于采用无差异性策略，以便探测市场需求和潜在的顾客；产品进入成熟期后，由于同类产品的竞争者日趋增多，就应改为差异性策略，以开辟新的市场；产品进入衰退期时，为维持原有市场，延长产品生命周期，应采用密集性策略。

4. 市场状况

如果顾客的需要、偏好及其他特点都比较接近，即市场类似程度高，可采用无差异性策略；反之，市场类似程度低，差别很大，就应采用差异性或密集性策略。

5. 竞争状况

竞争者少时，可采用无差异性策略；竞争激烈时，就应选择差异性或密集性策略。如果竞争对手实行无差异性策略，本企业一般可采用差异性策略与之抗衡。如果所有竞争对手都采用差异性策略，本企业可采用密集性策略，选择其中一个或少数几个目标市场，集中力量，出奇制胜，从而在目标市场上独占优势。

二、确定经营方式

1. 单一化经营

单一化经营是指餐饮企业将自己的生产、服务集中在某一个产品或某一类别产品上。单一化经营的优势是：

（1）企业集中于一项专门业务，有利于形成自己独特的经营能力和经营特色，容易创出品牌和树立企业形象。例如，麦当劳和肯德基就是单一化经营的典型代表。

（2）企业集中于特定的产品，所以能在确定的目标市场下将全部精力集中于产品开发和技术创新，并发挥专业优势（如专门经营北京烤鸭的全聚德）。这样使企业能够与目标顾客保持稳定的关系，有利于企业在市场上树立稳定持久的信誉。

（3）采用单一化经营的企业在满足顾客需要、开发新产品和服务、应付市场竞争、影响市场发展趋势等方面能够率先创新，成为市场的带头人。

（4）企业可以充分利用生产过程中的副产品，为其开发新的用途和新的市场。这样不仅可以降低成本、增加收入，还可以减少环境污染，改善企业的社会形象。

2. 纵向式经营

（1）纵向式经营的特点

纵向式经营方式实际上就是扩大单一经营业务的经营范围。纵向式经营有后向与前向两种不同的发展方向，餐饮业主要采用后向经营。后向经营是将企业的经营业务

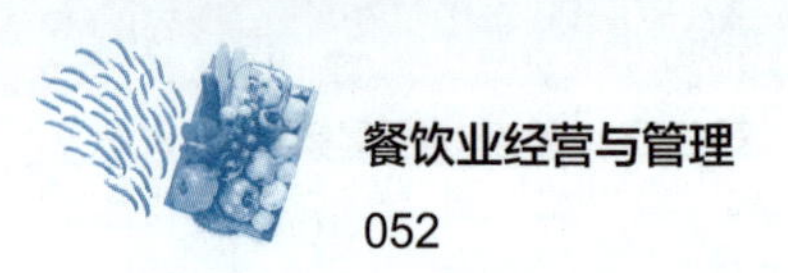

向后延伸，进入原材料供应和产品开发的经营范围。例如，一些餐饮企业采用中心厨房式经营，不仅可以为本企业节约原材料成本，还可以为其他企业配送原料。又如，一些啤酒屋采用自酿啤酒的经营方式，一些餐饮企业自己开发配制冰激凌等冷饮产品。

餐饮企业采取纵向式经营主要是从利润、质量角度来考虑，可以获得低成本优势和高质量原材料。例如，有些餐饮企业建有自己的养畜场和加工厂。为保持产品特色建立后向经营基地，不但可以稳定原料来源渠道，还能保证新鲜、高质量原料的持续供应。

（2）纵向式经营的制约

1）企业的纵向式经营战略可能会受到一系列条件的制约，如果采用完整的纵向式经营战略，就意味着大量的资金投入，这将可能使企业背上沉重的债务负担。

2）采用纵向式经营战略需要新增一定的技术力量，承担更多的风险，而且会使得企业的经营管理过程更为复杂。

3）采用纵向式经营的企业需要对本企业各个生产阶段的生产能力进行综合平衡。在纵向产品生产流程中，各个生产阶段的规模是不同的，各阶段之间要做到投入产出量的准确衔接往往十分困难。理论上讲，最有效率的生产经营规模要求各个生产阶段之间能够做到准确衔接。如果生产规模过大、产品过剩，外销的原材料也会过多，优质原料外销的同时也将优势销售给了竞争对手。

（3）纵向式经营应注意的问题

1）实行纵向式经营要与企业的长远战略利益和经营目标相适应。

2）实行纵向式经营要能在一定程度上巩固企业在主要经营业务上的市场地位。

3）实行纵向式经营要能在一定程度上更充分地利用企业的各种资源。

企业实行纵向式经营可以有两种途径：其一是从企业内部发展，逐步扩大生产经营规模；其二是并购或联营一批企业。

3. 多样化经营

多样化经营可以有两种主要的形式，即相关多样化经营和非相关多样化经营。

（1）相关多样化经营

相关多样化经营的通常做法是，企业在自身经营的核心业务的基础上，进一步开展与其核心业务相关的其他业务，以分散经营风险。一般来讲，所谓核心业务是指企业从事时间较长、经验较丰富、拥有技术专长和竞争优势的业务。当企业进行相关多样化经营，将其技术专长和竞争优势扩展到相关的业务时，就可以发挥其技术专长和竞争优势的最大效益。常见的相关多样化经营方式有：

1）进行相关产品的经营，如传统餐饮企业兼营快餐。

2）以企业现有技术为基础开展相关多样化经营。

3）通过提高现有设备的利用率开展相关多样化经营。

4）充分利用现有原材料资源开展相关多样化经营。

5）利用餐饮企业已有的商标和信誉开展相关多样化经营。

（2）非相关多样化经营

餐饮企业一般在其经济实力相当雄厚、市场地位巩固、品牌具有一定社会吸引力时开展非相关多样化经营。尽管如此，餐饮企业开展非相关多样化经营前还应对市场进行认真分析，对不太熟悉、没有经验的行业，不要轻易进入。一般情况下，餐饮企业的非相关多样化经营是为完善企业功能而开展的，如餐饮企业经营娱乐项目和客房等业务。

三、明确经营优势

1. 发现并利用潜在的经营优势

企业应利用现有系统，分析、发现那些潜在的、能提供更多利益和获得更多优势的领域，一旦发现了能获得经济利益的机会，就必须抓住并在短时间内把它扩展到一定程度以取得规模效益，从而扩大经营。

2. 确定成功因素

当资金、人力和时间都很有限时，把有限的资源集中在能决定企业获得成功的关键领域是至关重要的。确定成功的关键因素一般采用两种方法：第一，尽可能具有前瞻性地剖析市场，确定主要目标市场；第二，分析同类企业成功者和失败者之间的差异，如企业产品的功能、服务领域、销售方式等，从而获得新的市场机遇。

3. 建立相对优势

餐饮企业因自身规模不同、档次不同及其他资源实力的不平衡，很难在所有方面都处于市场领先地位。这时，餐饮企业的管理人员不应把宝贵的时间、资金、人力铺得太大，而应针对关键性要素集中使用。特别是在管理资源有限的情况下，资本在最关键领域的优先分配是企业取得成功的基础。因此，企业应根据通过市场分析后确定的一两个关键因素，对现行的经营方式、服务或产品进行开发、完善，使本企业在这一两个领域具有相对优势，形成以相对优势为基础的创新经营战略。

4. 有步骤地实施

餐饮企业的目标在某种程度上总要受到可利用资源和现有实力的限制，所以餐饮企业经营者应相应地确定其战略实施步骤。管理人员应认识到，在某一市场区域中获利的关键是控制其中关键的成功因素。为了抓住某一目标市场区域的关键成功因素，并积累经营经验，需要投入相当多的时间和资金，同时还要有一个清晰的、逐步的战略实施方案。

第三节　餐饮企业选址

餐饮行业流传着这样一句话：正确选址是成功的一半，可见选址对于餐饮企业成功经营的重要性。科学正确的选址策略不仅是企业盈利的先决条件，也是餐饮企业实现经营专业化的前提条件和基础。

一、确定营业区域

餐饮企业可选择的营业区域包括以下几种类型：

1. 具有发展潜力的区域

（1）经济发展较快、较活跃的区域

一般来说，人们随着收入水平的增加，为具有更高价值的产品和服务付费的意愿也逐渐增加，餐饮消费的质量和档次会有所提高。一个经济繁荣、商业活动频繁的地区，人们外出就餐的机会就多。因此，餐饮企业的营业区域一般应选择在经济繁荣、经济发展速度较快的地区。

（2）与政府发展规划相一致的区域

餐饮企业的营业区域选择要考虑到地区的宏观规划，投资者需要事先了解和掌握哪些地区规划为商业区，哪些地区规划为文化区，哪些地区规划为旅游区，哪些地区规划为交通中心，哪些地区规划为居民区、工业区等。因为区域规划往往会涉及道路

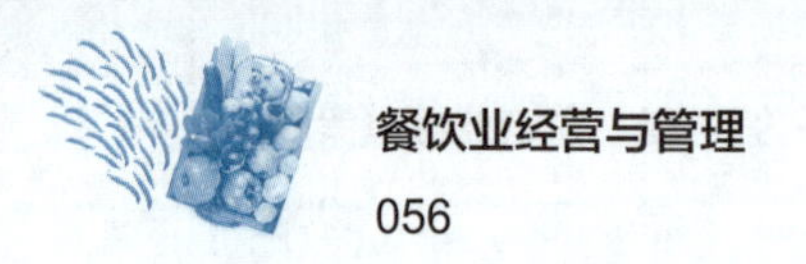

的拓宽延长、建筑的拆迁和重建以及人口迁移。同时，了解区域规划，便于餐饮企业根据不同区域类型确定不同经营形式、内容和规模等。选择与政府发展规划相一致的区域，不仅有利于企业确定地理优势，而且具有发展潜力。另外，还要分析当地市政规划与大规模开发计划实施的可能性。

2. 具有竞争优势的区域

一个地区餐饮企业的竞争状况可以分成两个不同的部分来考虑。一是直接竞争的评估，即提供同种经营项目、同样规格档次的餐饮企业可能会导致的竞争，这对餐饮企业来说是消极的影响。选择这种区域时，要求企业应具有一定的实力。二是非直接竞争的评估，包括经营不同品种，或经营同样品种、不同规格或档次的餐饮企业，这类竞争有时起互补作用，对餐饮企业是有利的。餐饮企业在选择营业区域时，如果无任何一种形式的竞争，则该企业将处于垄断地位，如果有任何一种形式的竞争，则该企业应认真研究和考虑，主要原则是选择本企业具有竞争优势的区域。

3. 适合经营活动的区域

餐饮企业经营所在的区域与政治中心、商业中心、旅游中心、文化中心以及饮食服务区的距离和方向，决定着餐饮经营活动的项目和服务内容。而餐饮企业经营的项目和服务内容是否与其相关的经营区域特征相一致，则决定着餐饮经营活动的成败。

4. 利于降低成本的区域

餐饮企业经营的关键因素之一是经营成本，在选择经营区域时就应充分考虑所在的区域影响经营成本的因素。

（1）土地价格或建筑物租金

餐饮企业在投资时，土地费用或建筑物租金所占的比重较大。城市不同区域、不同街道、不同地段的地价或租金相差很大，餐饮企业在选址时，应选择地价或租金合理、有较大潜在优势的位置。

（2）能源提供

能源主要是指水、电、天然气等，是餐饮经营过程中必须具备的基本条件。如果某区域能源价格过高，将直接影响企业经营的成本。

（3）原材料的供应及价格水平

餐饮企业每天都必须大量采购鲜活的原材料，如果所在地区原材料供应不足，会影响餐饮企业的服务水平和声誉，如从外地空运会增加成本。即使原材料有供应，但货源是否充足，价格是否合理、稳定，这些都是餐饮企业选择营业区域时需要考虑的因素。

（4）劳动力供应状况及工资成本

餐饮企业属于劳动密集型企业，需要很多掌握专业技术的人员（如厨师或管理人员）和具有一定技能的服务人员等。这一区域市场上是否有足够的具有餐饮专业知识的劳动力，以及他们的工资标准等，也是应考虑的经济因素之一。

（5）税收负担

餐饮企业所在地区的税收政策、税收比例或额度等因素会影响投资区域的选择。

（6）贷款及利率

投资贷款是否容易获得、利率是高是低，也会影响投资区域的选择。

（7）社区服务

社区服务包括保安、消防、垃圾处理以及其他所属服务。餐饮企业在选择经营地点时必须考虑社区服务的设施、费用和质量。

二、选择经营场所

餐饮企业的选址是一项复杂的工程，在营业区域已确定的基础上，还应确定具体的经营场所。选择经营场所应遵循一定的原则。

1. 目标市场原则

餐饮企业要根据其目标市场，选择适当的地点，建立相应的规模，选择相应的设施设备及相应的经营内容和服务档次。如果目标市场是工薪收入阶层，地址宜选择居民区或工薪阶层工作区域，经营中低档菜品，经营方式可选择快餐、自助餐等。如果目标市场是高收入者或商务人员，地址应选择在商贸活动中心或高收入者聚集区，提供高档菜品，环境幽雅，收费较高。

2. 容易接近原则

餐饮企业应选择在交通便利的商业区、经济区、文化区，要尽可能设置规模相当的停车场，方便顾客来往。餐饮企业应按所在地人们行进、停留的规律选址，原则上应选择在顾客容易接近的地段和位置，因为顾客在很大程度上是以方便性决定进入哪家餐厅的。

3. 企业形象原则

餐饮企业的经营内容、经营方式、菜品质量、服务、装潢、室外景观和所选地址应具有明显、突出的形象特征。这对坐落在拥挤的商业中心的餐饮企业尤其重要，会

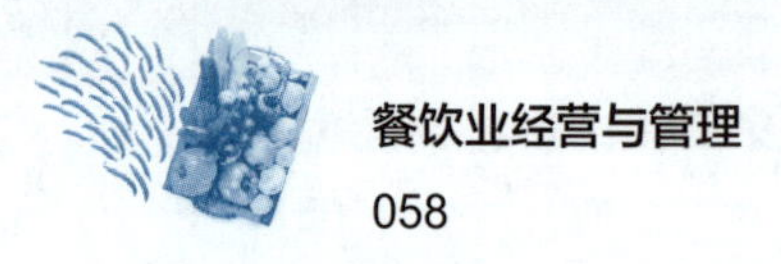

增加企业吸引力。

4. 综合配套原则

（1）与休闲娱乐、住宿等相关行业配套

配套的方式一般有两种：一是自身配套，即大型餐饮企业既有餐饮又有娱乐、休闲乃至住宿设施。二是与附近设施配套，即将地址选择在有住宿和娱乐设施或购物中心的区域附近，形成一种互补的经营方式。

（2）与周围环境配套

与周围环境配套是指与卫生环境、建筑物、美化环境以及绿化环境等配套。

5. 可见度原则

餐饮企业的可见度是指餐饮企业位置的明显程度。餐饮企业选址的位置无论在街头、街中还是街尾，都应让顾客能从任意角度获得对其规模和外观的感知。

6. 预期目标原则

餐饮企业在选择地点时，除考虑外部因素外，还应考虑自身的条件，如经营品种、方式等。要以是否能实现预期投资目标衡量地理位置的好坏。餐饮企业地理位置的优势主要体现在有较好的销售额和利润率，并能达到或超过预期投资回报率。

第四节　餐饮企业名称与标牌设计

餐饮企业的名称与标牌可以统称为餐饮企业的品牌。从外在表现来看，品牌表现为一个名字、一个标记或是它们的组合；从内涵来看，品牌是企业在经营过程中产品所具备的特性和顾客的认同感。

一、餐饮企业名称设计

餐饮企业名称具有重要作用，它代表着一家餐饮企业的形象。

1. 名称设计规律

一个好的名称最起码的要求是：写出来好看好认，叫起来响亮好听，想起来寓意深刻、回味无穷。

（1）字形

餐饮企业名称要从视觉上给顾客一种别样的感受，要从整体上给人易认易读的设计效果，如“顺和九品”（见图 3–1）。

（2）字音

餐饮企业名称的字音要响亮好听，富有韵律美和节奏感，没有不良谐音，如“东来顺饭庄”（见图 3–2）。

图 3-1　顺和九品

图 3-2　东来顺饭庄

（3）字义

餐饮企业名称的字义包括本意和寓意两个方面，寄托着起名者的愿望和追求，同时又反映出餐饮企业的经营理念，如“和顺园”（见图 3-3）。

图 3-3　和顺园

2. 名称设计要求

名称设计要求简明扼要、朗朗上口、意向准确、诱发联想。

（1）要与客源层次和餐厅档次一致

在确定餐厅名称之前，首先要明确该企业的档次、规模、目标客源的层次。如果确定经营档次是豪华餐厅，面向高层次顾客，并且餐厅的装饰、菜品和服务都按一流的标准设计和实施，那餐饮企业就应取一个高贵、豪华的名称，如“五洲大酒店”（见图 3–4），这样不仅有助于向顾客传达明确的信息，还有助于塑造餐厅形象。

图 3–4 五洲大酒店

（2）要与建筑风格一致

如果经营西餐厅，且用西式建筑，应取外国名，如北京“马克西姆餐厅”；如果是现代建筑，应取个有时代感的名称，而不能称之为“×× 草堂”；如果是古色古香的传统建筑，就不能取“胜利”“凯歌”之类的名称，否则会适得其反。

（3）要与消费群体倾向一致

如果餐厅经营的主要菜品是面向西方人的，则应取具有西方风情的名称；如果经营的是快餐店，则取名要新；如果是针对工薪阶层、上班族，则名称涵盖面要大、适用面要广，如“郭林家常菜”（见图 3–5）。

（4）要与各地通用性一致

这要求在命名时不仅要考虑本国语言中名称的原形、音、义的特征，还要兼顾国际上其他语言经翻译时的含义及发音，如“希尔顿酒店”（见图 3–6）。

图 3-5　郭林家常菜

图 3-6　希尔顿酒店

（5）要突出“雅”的特点

餐饮企业在取名中，应创造一种浓厚的文化意味，从感观上吸引食客，如“半闲居”（见图 3-7）。尤其是一些风味餐厅，优雅的名称能使顾客如沐春风。

图 3-7　半闲居

（6）要简洁明快

按中国人的习惯，餐厅的名字最好是两三个字，且用词响亮、笔画少、记读容易、朗朗上口，如“麦当劳”“必胜客”“肯德基”（见图3–8）等。

图3–8 肯德基

（7）要保持长久性

要让大多数人熟悉餐饮企业名称是不容易的，这需要时间，需要各方面的努力，所以不要轻易改变企业名称，以利于扩大企业销售规模，并逐步树立企业形象。另外，国外餐饮企业还有一种带有广告性的方法值得借鉴，即在店名后加小标题、小短语之类使招牌增色。小标题要立意明确，特别是能说明地点、气氛、服务等特色。

（8）要有独特性

与众不同的名称能增强企业的吸引力，如“大鸭梨烤鸭店”（见图3–9）。在设计企业名称时要突出一个“特”字，即具有特定的指向性，一个司空见惯的名称很难树立自己的公众形象。

图3–9 大鸭梨烤鸭店

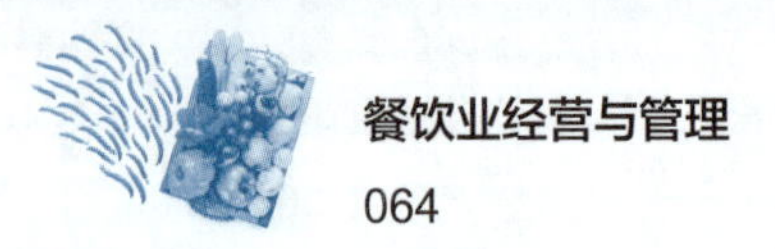

（9）要有专利性

企业的名称要及时进行商标注册，一般包括服务商标注册和产品商标注册两种。否则，就会有自己付出劳动和辛苦设计的店名被他人抢注的可能。

3. 名称设计技巧

（1）以人名或地名命名

许多餐饮企业都是以人名或地名命名的，如世界著名的麦当劳是以制作汉堡包的两兄弟的姓氏命名的。以人名给餐饮企业命名，会给顾客一种亲切感，对于中小型餐饮企业来说效果尤其显著，如“北京大董烤鸭店”（见图 3–10）。以地名命名的餐厅会让人感觉到浓浓乡情，这样的名称往往还会透露出餐厅所经营的风味特色。

图 3–10　北京大董烤鸭店

（2）以特色或菜品命名

这种取名方法直接指明经营内容，便于顾客通过名称了解经营内容，多适用于经营特殊菜品或风味菜的餐饮企业，如“红焖羊肉”（馆）、“土财主特色餐厅”（见图 3–11）等。

图 3–11　土财主特色餐厅

（3）以愿望或意境命名

以这种方式取名的餐饮企业较多，而且也最能体现取名的艺术性，如“鸿运餐厅”“淘淘居茶楼”“随缘酒家”“喜悦饭店”（见图 3-12）等。

图 3-12　喜悦饭店

（4）以名人或典故命名

以历史名人或典故命名的餐饮企业在环境装饰、装潢风格、外观设计以及经营内容上应与历史相一致。这种命名方法如果运用得恰当，会起到特殊的广告效应，如“太白酒楼”（见图 3-13）、“孔府酒家”等。

图 3-13　太白酒楼

（5）以文学名句命名

如“杏花村酒家”（见图 3-14），使人联想到“借问酒家何处有，牧童遥指杏花村”的诗句。“鹿鸣酒家”取自曹操《短歌行》中“呦呦鹿鸣，食野之苹。我有嘉宾，鼓瑟吹笙”的著名诗句，用鹿鸣寓意热情周到，待客如宾。“竹林小餐”使人联想到历史上的“竹林七贤”诗酒无敌、孤傲清高。

图 3-14　杏花村酒家

二、餐饮企业标牌设计

餐饮企业的标牌将企业的名称、标志通过一定的形式展示给顾客，向顾客传达信息，进行企业宣传。标牌不论以什么方式悬挂都要醒目，要尽可能地让顾客、社会公众从不同的角度看到。

1. 路牌开发设计

路牌具有指示方向和引导路线的作用。餐饮企业在设计开发路牌时要注意以下几个环节：

（1）路牌必须以餐饮企业识别标志为基础，采用标准图形、色彩及其组合，与企业识别系统保持高度一致。

（2）路牌的悬挂必须充分考虑周围的环境、空间、高度，使其具有指示引导的作用。路牌最基本的作用是引起路上来往行人的注意，所以要求字体大而醒目，如图 3-15 所示。

图 3-15　路牌

（3）路牌的大小及其悬挂的位置（尤其是室外路牌）要得到相应主管部门的批准。

2. 门面标牌设计

门面标牌一般包括正门标牌、侧门标牌及专用标牌。门面标牌设计是餐饮企业标牌设计中最主要的一部分，在设计中应注意：

（1）门面标牌应醒目，正门标牌一般平行于马路、街道。字体应有不同的大小型号，适合顾客从不同距离、不同角度辨识。标牌可以充分展现出企业的识别形象，渲染餐饮企业的氛围，如图 3-16 所示。

图 3-16　阿妈妮烤肉冷面店

（2）门面标牌要反映企业的经营规格、档次，如图 3-17 所示。

图 3-17　北京烤鸭店

（3）门面标牌应根据餐饮企业的门面情况和周围的生态环境、建筑环境选用标志或名称，或两者同时使用，增加餐饮企业的辨识度。

（4）门面标牌可同时选用一种或几种不同的式样，具体包括以下几种形式：

1）霓虹灯标牌。霓虹灯标牌是餐饮企业在晚间最明亮醒目的标志，能够增加餐饮企业的可见度，同时能营造热闹和欢乐的气氛。霓虹灯标牌通过灯光巧妙地变色和闪烁产生一种动态感，比起静态的灯光，这种灯光更能活跃气氛，更富有吸引力，多适合于酒吧、咖啡厅等夜间营业的餐饮企业，如图 3-18 所示。

图 3-18　霓虹灯标牌

2）灯箱标牌。灯箱标牌能将餐饮企业的标准色彩、标准字体、标志及餐饮产品的彩色图片完整地展现给顾客。灯箱标牌现在多采用镶在墙内或挂在墙上的形式，可使字体和图案扩大，夜间能增加醒目感。一般大型的餐饮企业常采用这种标牌，如图 3-19 所示。

图 3-19　灯箱标牌

3）墙上镶字。很多餐饮企业在门面方墙上或者是装饰镜上镶字，如图 3-20 所示。这种标牌简便，但要充分考虑字体颜色与底色的反差效果和字体的大小，晚上多用灯光照射来突出显示。

图 3-20　墙上镶字

4）直立式标牌。直立式标牌是指在餐饮企业门前竖立的带有餐厅名称或标志的招牌。这种标牌比贴在门上和门前的标牌更能吸引顾客。直立式招牌有各种形状，如竖立长方形（见图 3-21）、横列长方形、长圆形和四面体形等。为了增加可见度，招牌的正反两面或四面体的四面都应设计餐饮企业的名称。一块精致的标牌加上美丽的图案，会对餐饮企业起到装饰的作用，并能加深顾客对餐饮企业的印象。

图 3-21 竖立长方形标牌

5）人物、动物造型标牌。人物、动物造型标牌是指以人物或动物造型制作的标牌，标牌上可列出餐厅的名称或一些特色菜，具有较大的趣味性，也能吸引顾客。在餐饮企业门口竖立的人物、动物造型标牌，能活跃店面的气氛，增加就餐的情趣。人物、动物造型标牌能明显地反映餐厅的经营风格，使顾客在远处就能据此判断餐饮企业的类型。这类标牌多用于快餐厅（见图 3-22）、风味餐厅、咖啡厅和酒吧。

图 3-22 人物造型标牌

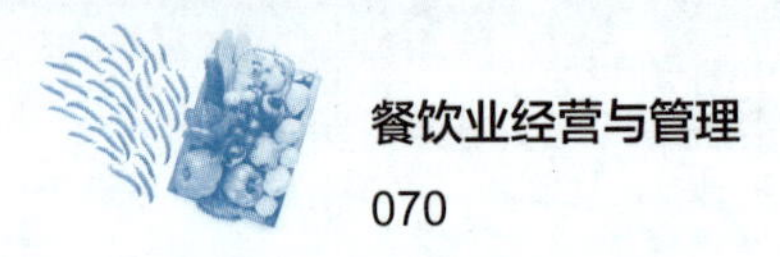

3. 室内标牌设计

餐厅内部的各种标牌，如墙柱标牌、横梁标牌、食品展示台标牌，特别是灯箱标牌，把企业识别标志贯穿和渗透于室内时空和营销过程之中。室内标牌要与室内的装修、陈设相统一。就连通道、卫生间、电梯也应着意设计开发，使顾客放眼就能看到企业识别标志，始终置身于由企业形象要素打造的氛围之中。

4. 工作制服设计

首先，工作制服设计要与企业的标准色彩一致，这是塑造、渲染、传播餐饮企业形象的一个重要环节。其次，餐饮企业员工上班换装，可以强化其服务角色意识、增强其责任感。

工作制服及其饰物的设计开发需要考虑以下因素：

（1）以餐饮企业标志为导向，在工作服及其饰物上表现和展示餐饮企业的标志，从而塑造、渲染、传播餐饮企业识别形象。

（2）设计开发工作制服及其饰物，既要发挥劳动保护功能，又要发挥经营管理功能，更要发挥环境美化功能和信息传播功能。

（3）工作制服及其饰物的设计开发要能够激励、规范企业员工的团队精神、礼仪风范、行为方式和餐饮企业经营服务的根本宗旨。

第五节　餐饮企业组织结构

餐饮企业组织结构设置直接影响餐饮企业的运转和效益。管理人员在设置组织结构时，既要考虑企业经营的性质和范围、企业服务的对象及提供产品的特点，又要考虑企业向顾客提供的服务类别和餐饮产品的预计销售数量，依据此设置的组织结构才科学合理。

一、组织结构概念

餐饮企业具有不同类型的餐饮经营形式。餐饮企业组织结构是为餐饮业务经营活动服务的，是有效开展餐饮经营活动的组织保证。专家认为，领导的职责就在于成功地设计一种组织并委派恰当的人选，然后致力于按照组织原则促使大家达到目标。餐饮企业组织结构就是这种组织原理的具体运用。组织结构的规模、形式和内部结构必须在符合餐饮经营类型的前提下满足经营活动的需要。

二、组织结构设置原则

1. 机构精简与经营效率相统一的原则

组织结构设置直接影响企业的经营效率和间接成本。管理人员、专业人员、服务人员的多少与工资、奖金、福利以及人事开销（如培训费等）直接相关，人员的素质直接涉及设备运行、工作效率等。所以，组织结构设置应精简，要能够用最少的人力

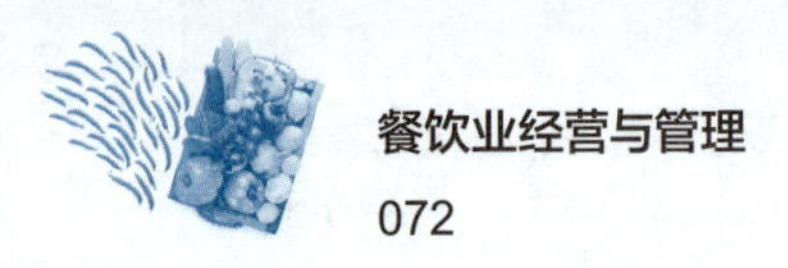

去完成任务。精简的目的是使信息沟通顺畅，职责分工明确，工作效率提高，成本降低。因此，机构精简与经营效率相统一的主要标志是：配备的人员数量与所承担的任务相适应，机构内部分工职责明确，每个人有足够的工作量，工作效率高，应变能力强。

2. 专业化与自动调节相结合的原则

专业化与自动调节相结合的主要标志是：组织结构大小同企业等级规模相适应，内部专业分工程度同企业经营类型、接待能力相协调，专业水平和业务能力同工作任务相适应，管理人员能够在不断变化的客观环境中主动处理问题，具有自动调节的功能。

3. 层次明确与权责一致相结合的原则

一般餐饮企业实行三级管理，即总经理管理、部门经理管理和基层经理管理。只有层次明确，才能赋予相应的责任。责任是权力的基础，权力是责任的保证。餐饮企业组织结构坚持责任与权力相适应的标志是：组织结构的等级层次合理，各级管理人员的责任明确，权力大小能够保证顺利完成所承担的任务，责权分配不影响各级管理人员之间的协调与配合。目前，由于科技手段的运用，餐饮企业在组织设计中一般趋向于减少管理层次，增加管理幅度，使企业高效运转。

三、组织结构构成

1. 组织结构规模

确定餐饮管理组织结构规模的主要依据有：

（1）餐饮类型

实行单一化经营的餐饮企业，如独立经营的酒吧、啤酒屋、快餐厅等，其组织结构较简单，职责较明确。通常，综合型餐饮企业大都设有中餐厅、西餐厅、咖啡厅、宴会厅、酒吧间和自助餐厅等各种类型的餐厅，有的多达十几个，甚至几十个，涉及的人员、部门较多，不仅各餐厅专业化程度高，而且厨房分工与此相适应，组织结构的规模必然较大。

（2）接待能力

餐厅接待能力是由其座位多少决定的。餐厅座位越多，厨房规模越大，所需员工越多，组织结构的规模也越大。反之，餐厅座位越少，组织结构的规模也相应越小。总之，餐饮企业组织结构的规模必须和餐厅的接待能力相适应。

（3）专业化程度

餐饮企业一般采取附属其他企业经营和独立经营两种经营方式。如果餐饮企业不是一个独立的企业，而是附属于宾馆、商场、其他企业等组织结构时，餐饮管理中需要的工程、财务、安全、培训、人事劳动等管理工作就由企业职能管理部门承担。此时，餐饮管理组织结构的规模相对较小。独立的餐厅、酒家等需要建立全套组织结构，在与前者的餐厅接待能力相同的条件下，组织结构的规模相对较大。

（4）现代化程度

一般采用现代化计算机技术、自动化设备等手段的餐饮企业，信息沟通较为顺畅，通常可减少管理层次，扩大管理范围。

2. 机构内部分工

（1）组织决策工作

组织决策属于餐饮管理工作，主要由企业主管业务经理和餐饮部经理负责，内容包括企业餐饮管理经营方针、经营策略、管理目标的制定，全面组织业务经营活动的开展，企业经营方向的控制。管理人员要完成这些管理工作，应组织市场调查，做好销售预测，制订经营计划，合理安排人员，做好资源配备，调动全体职工积极性。

（2）食品原料供应

食品原料供应主要由采购、验收、储藏部门负责。它要求根据餐饮经营计划和生产业务活动的需要，制订采购计划，组织采购业务，控制采购成本，做好入库验收、库房管理、领料、发料等日常管理工作，保证厨房生产的需要。

（3）厨房生产过程

厨房生产主要由厨师长负责。任务是选择经营风味，安排花色品种，制定菜单，合理安排生产任务，做好粗加工、细加工、冷荤制作、面点制作等生产过程的组织，确保产品质量。

（4）销售服务管理

餐厅销售及服务是满足顾客需求的最终体现。它直接影响服务质量和企业声誉，是扩大产品销售的重要环节。餐厅销售及服务管理主要由餐厅经理负责。餐厅经理应根据餐厅服务程序，组织服务人员有针对性地提供优质服务。

（5）餐饮成本核算

成本核算是控制成本消耗、提高经济效益的重要手段。餐饮成本核算一般由财务

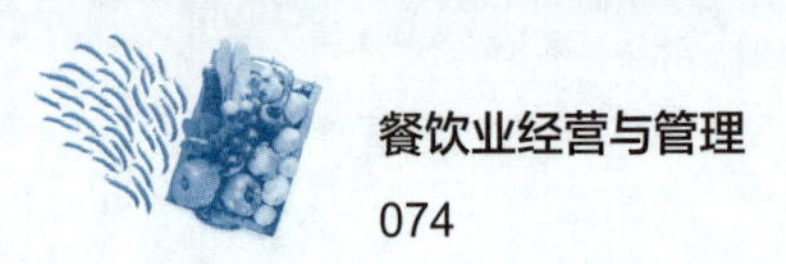

部门的成本核算员负责，其管理工作主要是按照管理层所提出的要求，制定标准成本和成本定额，核算实际成本消耗，提出改进措施，确保餐饮管理经济效益的实现。

3. 人员编制

影响人员编制的因素包括：

（1）餐厅档次和座位

餐厅档次越高，座位越多，服务质量要求越高，分工越细致，所需人员数量越多；反之，档次较低、座位较少的餐厅，所需人员数量较少。

（2）市场状况和座位利用率

市场环境好，用餐顾客多，餐厅座位利用率高，服务人员数量则相应增加；反之，市场环境不好，餐厅的座位利用率较低，服务人员可一人多岗。

（3）生产能力和技术设备

厨房生产能力以炉灶多少为主要标志，它与餐厅接待能力是相适应的。厨房生产能力越强，炉灶数量越多，所需厨房工作人员越多；另外，厨房技术设备先进、科学合理，劳动效率高，所需工作人员数量则会相应减少。

（4）餐饮经营和季节波动

餐饮经营有一定的季节波动性。季节不同，餐厅座位利用率也不同，从节约人事成本、降低人力资源浪费、合理使用劳动力、便于管理的要求来看，餐饮企业人员编制应以平均季节为基础。

（5）员工素质和技术熟练程度

餐饮企业工作人员素质越高，操作技术越熟练，每名服务人员能接待的顾客数量相对也就越多，就会形成一支少而精的员工队伍，人员编制自然简单。

（6）班次安排和出勤率

在餐饮经营中，员工上班一般执行两班制，即早、晚班。24 小时营业餐厅则执行三班制，必然增加员工数量。此外，每周工作天数也是影响餐饮企业人员编制的重要因素。

思考与练习

1. 餐饮目标市场可依据哪些标准进行划分?
2. 餐饮目标市场应具备哪些条件?
3. 单一化经营、纵向式经营、多样化经营的优势和劣势各是什么?
4. 选择餐饮企业营业区域应考虑哪些因素?
5. 餐饮企业名称设计的要求及取名技巧有哪些?
6. 餐饮企业组织结构的设置原则有哪些?

第四章
厨房管理

学习目标

1. 了解厨房生产的特点及厨房管理的方法。
2. 了解厨房组织结构的形式，掌握厨房组织结构的人员配置方法。
3. 掌握厨房布局设计的方法。
4. 了解厨房设备的种类和选购方法，掌握设备使用、维护保养和管理的方法及措施。
5. 掌握厨房生产阶段的质量管理内容。
6. 了解餐饮产品质量的概念、内容及特点，明确影响餐饮产品质量管理的因素和餐饮产品质量管理的重点。

厨房是餐饮企业的生产部门，在餐饮企业中的地位举足轻重，其管理好坏直接关系到菜品质量和餐饮成本。当前餐饮业的高速发展对厨房管理提出了更高的要求，具体涉及厨房组织结构设置、厨房专业布局设计要求、厨房生产设备管理、厨房生产阶段质量管理以及餐饮产品质量管理等各个方面。

第一节 厨房管理基础知识

厨房管理的基本职能就是通过计划、组织、指挥、控制、协调、反馈等程序，利用厨房内的各种资源，以最小的消耗取得最大的经济效益。

一、厨房概述

1. 厨房的概念

厨房是餐饮企业以餐饮生产经营为目的，为服务顾客而进行菜点制作的生产场所。厨房是餐饮企业的食品生产部门，在其他部门的支持、协调、配合下，厨房负责将各类食品原料进行加工、生产，从而烹制出具有一定风味特色的各种产品，在满足顾客需要的同时为企业创造经济和社会效益。

2. 厨房的重要性

（1）厨房是餐饮企业良好形象的建立者

厨房生产的产品是菜点，是有形产品。对餐饮企业菜品质量（色、香、味、质、形、器、养等）的认可，关键在于顾客。顾客是否认可，是餐饮企业能否获得良好形象的关键所在。另外，厨房还可通过主持、参与组织一些诸如美食节、食品义卖、名厨表演等饮食文化活动，提高餐饮企业的声誉，使餐饮企业的形象深入人心。

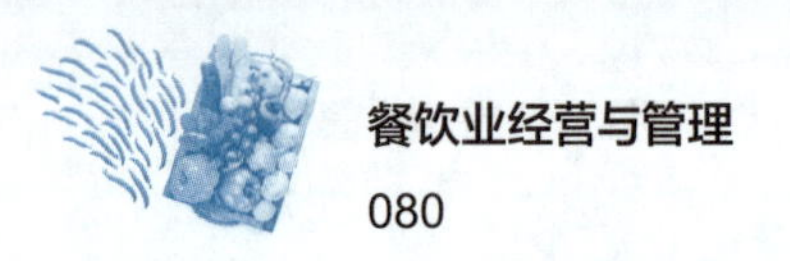

（2）厨房是前厅服务成功的强有力后盾

前厅除了微笑等礼仪服务外，还必须做好餐饮企业菜品介绍、顾客饮食信息服务等工作。菜品知识来源于厨房。厨房应针对各个菜品相关知识，如菜品名称、原料特色、刀工切配、煎炸烹制技法、五味调和、火候掌控等，向服务人员做相关介绍，再通过服务人员向顾客提供信息服务。顾客在饮食之余，还能了解一些饮食知识，从而对餐饮企业的服务产生良好的印象。

（3）厨房是餐饮企业利润的主要获取者

餐饮企业经营的目的非常明显，就是用最低的成本获取最大的利润。餐饮企业利润的主要来源之一是厨房生产的产品的销售收入，就餐量越大，餐饮企业获取的利润值就越高。

3. 厨房的要素

厨房是餐饮企业中加工、生产实物性产品的生产部门。厨房生产有别于其他企业的生产，它必须具备厨房生产人员、必需的设备和设施、必需的生产空间和场地、烹饪原料和能源。

4. 厨房的分类

厨房有许多分类方法，常见的有以下几种：

（1）按照生产规模不同，厨房可分为小型厨房、中型厨房和大型厨房。

（2）按照生产产品的特点不同，厨房可分为中餐厨房、西餐厨房、凉菜厨房、热菜厨房、面点厨房、西点厨房等。其中，中餐厨房还可分为粤菜厨房、鲁菜厨房、川菜厨房等风味厨房。

（3）按照销售服务对象不同，厨房可分为零点厨房和宴会厨房。

二、厨房生产的特点

菜点是通过厨房生产人员手工制作的，原料的选择随季节的变化而变化，这决定了厨房的生产、制作过程具有自身的特点。

1. 生产量的不确定性

（1）季节变化因素的影响

孔子曰“不时不食”，讲的是厨房生产有很强的季节性。现在，顾客对厨房产品时令性的要求越来越高，因此，不论时令原料抢先应市，还是时令原料设法推销，都会使厨房的日常生产量骤然增加。

（2）原料性质的影响

原料存放时间的长短与厨房生产量有着密切联系。一些原料存放时间较长，在工作中就要尽快使用，以防变质，这样也会使日常生产量增加。

（3）客情变化的影响

菜点的需求主要取决于客情，即一定时间内需要消费新产品的顾客数。顾客的多少直接影响原料使用量的多少，顾客对菜点种类的爱好会影响某种产品的生产量。

2. 生产制作的差异

厨房的生产是厨师的技术性操作过程，同时又是烹饪艺术构思创作过程。顾客在品尝、享用菜品时，也是对厨师手工制作的食用艺术品进行鉴赏和认可。

厨房生产凭借手工，手工生产特有的模糊性和经验性自然也会造成生产人员的技术不同，从而使烹饪产品千差万别。

3. 产品的特殊性

（1）产品规格多，生产量小

菜点产品的制作量根据顾客的多少和菜点种类的多少而定。因此，菜点制作往往表现为个别的、零星的、时断时续的、规格不一的作业方式。

（2）产品销售的即时性

菜点一经生产，其质量效果随着时间的延长而降低，色、香、味、形、温等变差。因此，厨房生产应与服务销售密切配合，保证出品及时销售。

三、厨房管理的含义与重要性

1. 厨房管理的含义

厨房管理主要是指在满足顾客需要的同时，对厨房的人、材、物等进行管理，即对厨房人员、餐饮原料及厨房设备、工具等的管理。广义上，厨房管理还应包括厨房生产及产品质量的管理。

2. 厨房管理的重要性

（1）厨房管理是餐饮企业经营管理的重点，是保证餐饮产品质量和增强企业竞争力的重要方法。

（2）加强厨房管理是餐饮企业获得效益的根本措施。

（3）加强厨房管理能有效地发挥人才资源的最大效能。

（4）加强厨房管理是让顾客满意的重要保证。

四、厨房管理的方法

餐饮企业厨房的管理主要依赖于餐饮企业的管理模式、管理方法和制定的相关管理制度。从管理方法来讲，现代餐饮经营管理方法中的市场定位法、全面质量管理法、人本管理法、日清日高管理法、PDCA 循环管理法、品牌经营法、反馈与控制法等，都可以作为厨房管理的方法。具体来说，现阶段厨房管理较好的、比较实际的方法还有：

1. 大厨工作制

大厨工作制也称为厨师长工作制。一般来讲，一个厨房的管理如何，关键在厨师长。厨师长的技艺、能力、人格和所采取的管理方法，会直接影响厨房的管理工作。因此，厨师长对厨房人员的组织、各个岗位的安排、厨房物料的管理、菜点生产质量以及餐饮服务和销售的协调等，都负有重要的责任。一名合格的厨师长能够带领整个厨房，提升厨房的管理水平。

2. 岗位工作制

岗位工作制也称为制度管理法。明确厨房的岗位职责，建立健全厨房管理制度，并把这种制度具体落实到各个工作岗位上去，就能很好地完成厨房的工作任务。因此，岗位职责是衡量和评估每个人工作的依据，是工作中进行相互沟通协调的依据，是选择岗位人员的依据，同时也是实现厨房工作高效率的保证，应成为厨房生产管理的全面章法。

厨房管理制度是实现厨房经济指标和目标管理的根本保证，是厨房生产与管理的法规、制度，是规范和纠正员工工作行为的措施。要想管理好厨房，就必须运用制度约束员工的行为。科学的厨房管理是依靠一整套规章制度来执行的。岗位工作制就是在完善这种制度的同时，重点落实好这种制度，把这种管理作为在厨房生产中全面执行的一种方法，并以此为依据奖励员工，保障员工的利益。

3. 激励工作法

在厨房生产过程中，要提高生产率，稳定产品质量，就必须重视人的管理。现代餐饮企业的管理经验证明，人力资源决定着其他资源的使用效果和运转效果。因此，必须调动员工的积极性，激励就是调动厨房员工积极性的主要方法之一。

激励工作法是指管理人员运用奖励或鼓励的方式，激发和鼓励下属员工工作热情的一种方法。研究发现，绝大多数的职工为了应付企业指派给他的全部工作，一般只需付出自己能力的 20% ~ 30%，即能达到企业的需求。也就是说，员工为了“保住饭碗”，在工作中只需付出很小一部分劳动。如果管理人员能利用有效的激励手段，就可使被管理者付出全部能力的 80% ~ 90%。

因此，做好厨房管理的方法之一就是采用激励手段，调动厨房员工的积极性，把员工潜在的工作能力充分发挥出来。具体来说，激励的手段有需求激励、目标激励、情感激励、参与激励、信任激励、惩罚激励、榜样激励和竞赛激励。

总之，厨房管理的方法多种多样，落实好任何一种方法，都能将厨房管理好。同时，这些方法不是孤立的，它们是互相联系的，甚至可以说，要做好厨房管理就必须把这些管理方法联系起来考虑。只有这样，才能对厨房进行科学的管理，取得较好的效益。

第二节 厨房组织结构

厨房组织结构设置的目的是分工明确，使得各项厨房分工得以快速、有效、适时地完成。厨房的组织结构种类繁多，在此只作简略介绍。

一、厨房组织结构的设立原则

厨房是围绕食品生产这一最终目标建立起来的机构，在这个机构中，首先应建立完善的厨房组织结构和制定一套严密的管理制度，使厨房各部门明确其职能、生产范围，实行生产分工，使全体工作人员明确自己的岗位职责。厨房组织结构体现了餐饮企业的管理风格，厨房应在餐饮企业总的管理思想指导下，按照机构设置原则设置厨房机构。

1. 因事设职与因人设职相结合的原则

组织设计的根本目的是保证组织目标的实现，使目标活动的每项内容都落实到具体的岗位和部门，即“事事有人做”，而非“人人有事做”。因此，组织设计中，要求首先考虑工作的重点和需要，要求因事设职、因职用人，而非相反，但并不意味着组织设计中可以忽视人的因素，忽视人的特点和能力。

2. 管理跨度适当的原则

管理跨度是指一名管理人员能直接有效地指挥控制的人数。通常，一名管理人员的管理跨度以 3 ~ 6 人为宜。影响厨房生产管理跨度大小的因素主要有层次因素、作业形式因素和能力因素。

（1）厨房内部的管理层次要与整个企业相互吻合，层次不宜过多。上层由于考虑问题的深度和广度不同，管理跨度应小些；而基层管理人员与厨房员工沟通和处理问题比较方便，管理跨度可大些，一般最多可达 10 人。

（2）厨房人员集中作业要比分散作业管理跨度大。

（3）员工自律能力强、技术稳定、综合素质高，管理跨度可大些；反之，管理跨度就要小些。

二、厨房组织结构的形式

1. 大型厨房的组织结构（见图 4–1）

大型厨房设总厨师长（行政总厨），负责指挥整个厨房系统的生产运行。大型厨房通常设若干个厨房，负责各自的食品原料加工，并按规格配份，供应各餐厅。厨房组织结构并非一成不变，应该随着企业经营方式、策略的变化作相应的调整，以反映厨房生产各岗位和工种间的最新关系。

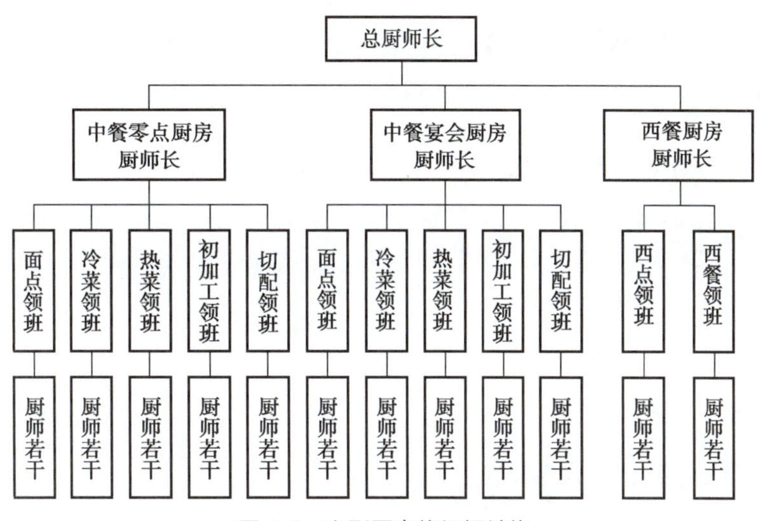

图 4–1 大型厨房的组织结构

2. 中型厨房的组织结构（见图 4–2）

中型厨房通常由餐饮部副经理或总厨师长负责整个厨房系统的生产运行，可设中餐厨房和西餐厨房，两个厨房兼有多种生产功能。中型厨房也可以采取大型厨房组织形式，设有若干个分厨房和中心厨房，只是厨房的规模较小、岗位较少。

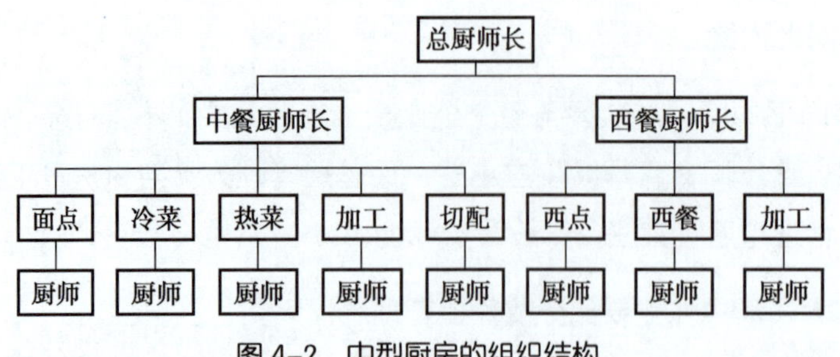

图 4-2　中型厨房的组织结构

3. 小型厨房的组织结构（见图 4-3）

小型厨房规模较小，受厨房面积、员工、厨房设备等诸条件的限制，厨房组织形式较简单，通常由一名非脱产的厨师长对生产进行监督和指导。这种组织形式从管理人员到员工不存在中间层次，权力集中，命令统一，决策迅速，便于相互交流沟通。

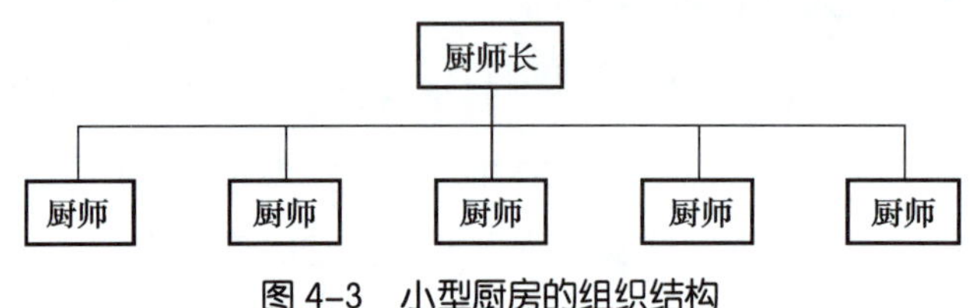

图 4-3　小型厨房的组织结构

三、厨房组织结构的人员配置

1. 人员配置的原则

（1）以满负荷生产为中心原则。

（2）管理跨度适当原则。

（3）分工协作原则。

（4）符合劳动力成本控制原则。

（5）提高工作效率原则。

（6）根据工作预测配置人员原则。

（7）根据职务分析和岗位分析配置人员原则。

2. 厨房各班组的职能

由于厨房的组织形式各不相同，各班组的职能也就不尽相同。归纳起来，厨房可由加工班组、配菜班组、炉灶班组、冷菜班组和面点班组这五大班组组成。

加工班组主要负责菜品原料的拣择、清洗、加工、切割，是为配菜打基础的环节，对厨房生产成本控制有很大的作用。

配菜班组主要负责对菜品主料、配料、小料进行调配后提供给炉灶班组烹调。该班组决定每份菜品的量，对厨房生产成本控制起着至关重要的作用。

炉灶班组将已配制好的菜品原料烹制成符合风味要求的成品，并及时有序地提供出品。该班组是形成菜品风味、体现厨师水平的重要部门。

冷菜班组包括冷拼部、卤水部、烧腊部，负责制作开胃菜品、烧烤、卤水菜品、生冷菜品、食品雕刻。

面点班组负责制作饭、粥、面食、糕点食品。

3. 厨房的岗位职责与人员素质要求

厨房各岗位职责是对厨房各项工作职责范围的明确划分，是对岗位工作职责、组织关系、技能要求、工作程序和标准的规定。每个员工通过岗位职责都能明确自己在组织中的位置、工作范围、工作职责和权限，知道向谁负责，接受谁的工作督导，同谁在工作上有必然联系，知道工作中要承担的责任。岗位职责应成为厨房生产管理的全面章法，制定职责应具体明确，能衡量，易执行。

（1）行政总厨岗位职责与人员素质要求

1）组织和指挥厨房工作，制定各厨房的操作规程及岗位责任制，确保厨房工作正常进行。

2）根据餐饮部的经营方针及其下达的生产任务，负责中、西餐市场开发计划的制订，制定各餐厅的标准菜单和厨房菜谱。

3）根据不同季节和重大节日，组织特色食品，推出过节菜品。

4）对大型的、重要的宴会、酒会、冷餐会，做到亲临现场指挥，亲自制定菜单、组织生产并进行检查和督导，保证菜品质量。

5）根据各厨房原料使用情况和库房存货数量，制订原料订购计划，控制原料进货量。

6）严格控制食物成本，减少损耗。

7）协调中、西餐厨房工作及厨房与其他部门之间的关系，根据厨师的业务能力和技术特长，决定各岗位人员安排。

8）根据各厨房的生产特点，编制工作时间表，检查下属出勤情况。

9）根据餐饮企业的总体工作安排，计划并组织厨房员工的考核与评估工作。

10）审定厨房各部门工作计划、培训计划、规章制度、工作程序及其标准。

11）检查各厨房设备运转情况和厨具的使用情况，制订订购计划。

12）严抓厨房卫生，把好食品卫生关，贯彻食品安全法律法规和厨房卫生制度。

13）检查厨房安全生产情况，及时清除各种隐患，保证设备设施及员工的操作安全。

（2）分厨房厨师长岗位职责与人员素质要求

1）协助厨师长制作菜单，带领员工按规定烹调，与切配领班密切合作，保证生产有序，出品及时、优质。

2）检查炉灶、冰箱等设备的运转和卫生情况，发现问题及时解决并向厨师长汇报。

3）检查菜品出品质量，检查盘钵饰品的效果，及时纠正、妥善处理出品质量方面的问题。

4）检查员工的仪容仪表和包干区卫生。

5）负责本组员工的排班，安排组织员工值班、轮休，并对本组人员的工作表现做出评估。

6）督导本组岗位准备工作，监督厨师按程序操作，对加热设备进行有效控制，确保生产安全。

（3）切配领班岗位职责与人员素质要求

1）督导员工按规格切配，保证所接订单有条不紊。

2）合理用料，准确配份，把好成本控制关。

3）检查进料质量，负责每日检查冰箱、工作台及储物柜中原料的数量和质量，向加工厨师预订明日原料。

4）安排本组人员的值班、轮休，负责本组员工工作表现的考核、评估，合理分配本组员工从事各项切配工作。

5）检查员工的仪容、仪表和包干区卫生。

6）检查设备运转情况和卫生情况，发现问题及时解决并向厨师长汇报。

7）发现原料用尽时及时与前台联系，以免引起顾客的误会。

（4）初加工领班岗位职责与人员素质要求

1）带领全组员工按规格加工原料，及时向切配班组提供原料。

2）带领并督导员工按规格标准进行各项加工工作，保质保量为切配厨房输送净料。

3）熟悉原料性能，掌握好库存，合理安排用料，充分利用原料，准确控制成本。

4）不断研究和改进加工工艺，密切注意餐饮动向，为新开发的菜品确定原料加工方案，并进行研究和指导。

5）认真检查员工仪容仪表、设备保养工作和包干区卫生。

6）安排员工值班、轮休，负责员工工作表现的评估和考核。

（5）冷菜领班岗位职责和人员素质要求

1）带领员工进行冷菜制作，合理安排冷菜、卤水的制作及上菜程序。

2）检查员工的仪容仪表和包干区卫生，把好质量关，坚决贯彻食品安全法律法规。

3）每天检查冰箱内的食品质量，做到当天制作当天销售。

4）根据经营和销售情况订购原料。

5）安排员工值班、轮休，负责员工工作表现的评估和考核。

6）带领员工研究业务，提高员工的冷菜制作水平，根据季节变化推出新款冷菜。

（6）面点领班岗位职责与人员素质要求

1）根据经营销售情况，按规格标准安排员工制作面点。

2）根据宴会的规模，穿插使用面点，若遇大型宴会和重要顾客，协助厨师长制定点心单。

3）安排本组员工的轮休、值班，负责对本组员工的表现进行考核、评估。

4）负责检查、维护面点间的设备与用具，发现问题及时解决并向厨师长汇报。

5）检查员工的仪容仪表和包干区卫生，严把产品卫生关。

6）努力研究业务，不断推出新品种。

（7）炉灶厨师岗位职责与人员素质要求

1）接受领班的工作指令和督导，根据菜单准备好当天使用的调料和佐料。

2）认真执行操作规程，负责菜品的烹调工作，满足顾客对菜品的特殊要求。

3）正确使用厨房设备与用具，负责检查其运转情况，做好维护与保养工作。

4）节省原料与能源，降低成本。

（8）切配厨师岗位职责与人员素质要求

1）接受领班的工作指令和督导，根据菜单准备菜品的切配工作。

2）根据菜品质量要求，进行加工处理，提高原料利用率，严格控制成本。

3）按照标准菜单配菜，按接到菜单的顺序交炉灶厨师烹制。

4）负责岗位的操作卫生，定期清理冰箱，检查设备和用具的运转情况。

（9）打荷岗位职责与人员素质要求

1）负责当天餐具的准备工作，并负责菜品的装盘美化。

2）与前台配合，控制出菜节奏和次序，按菜谱分别走菜。

3）负责菜品上浆、挂糊等原料的准备工作。

4）负责菜品的蒸制工作。

5）做好开餐前后岗位操作卫生。

（10）粗加工岗位职责与人员素质要求

1）对购进的原料进行认真鉴别、清洗，保证加工原料的清洁卫生。

2）保证原料营养成分，保持加工材料的原始色、香、味、形。

3）熟悉原料的特性，注意分级利用，提高切割率，减少存放时间，及时送厨房使用。

4）注意收集厨房的下脚料，并进行综合利用，努力降低食品成本。

5）及时做好岗位操作卫生。

（11）水台岗位职责与人员素质要求

1）掌握各种动物性原料的初步宰杀加工技能，能识别各种动物的肥、瘦、老、嫩、雌、雄，懂得饲养动物。

2）及时给水产活养池换水、增氧，提高水产品的成活率。

3）每天负责冰柜、冰箱清理，做好水台岗位周围的清洁卫生。

4）协助精加工厨师的工作。

（12）冷菜岗位职责与人员素质要求

1）接受领班的工作指令和督导，根据菜单和开餐任务准备好食品用料和用具。

2）负责一切冷菜及花色拼盘、水果盘的制作，严格把好质量关，贯彻食品卫生制度。

3）每天检查冰箱内的食品质量，做到当天制作当天出售。

4）检查冷菜间设备和用具的运转情况，做好维护和保养工作。

（13）面点岗位职责与人员素质要求

1）接受领班的工作指令和督导，根据菜单和开餐任务准备好食品原料和用具。

2）负责中式面点及风味小吃的制作，按比例配制食品，控制食品成本。

3）严格执行食品安全法律法规，把好食品卫生质量关。

4）检查面点房设备和用具的运转情况，做好维护和保养工作。

第三节　厨房布局设计

厨房布局设计的效果会影响餐饮企业的直接投资成本、运营成本、厨房工作环境、厨师身心健康与工作情绪、菜品质量、工作效率，甚至影响餐饮企业的对外形象与经营效益。因此，合理的厨房布局设计是保护厨房员工、保证企业经济效益的基础。

一、厨房布局设计的原则

厨房布局设计在餐饮经营中起着举足轻重的作用。一个好的、建设合理的厨房可以使企业在以下三点受益：一是能够最大限度地愉悦员工身心，愉悦的身心是员工发挥积极性、创造性，提高工作热情的前提，员工的积极性和创造性又是提升食品制作质量、提高劳动效率的关键因素。二是可以最大限度地降低投入和生产费用，从而最终降低生产成本。三是能够实现高效率的厨房管理。因此，进行厨房布局设计时应遵循以下原则：

1. 厨房的结构与分类应与厨房的生产经营特色相吻合

不同经营特色的餐饮企业对场地和设备器具配置的要求不尽相同。设计厨房时，应首先确定生产经营方式，待生产经营方式确定后，再交由设计者进行总体规划、布局和设计，这样才能使设计者做到有的放矢。

2. 厨房设计要确保工艺流程的循序渐进

厨房生产是一项系列的、循序渐进的工作。设计厨房时，应首先考虑所有作业点和设备的分布与厨房加工生产的次序相吻合，避免走回头路与交叉路。设计厨房物流和人流的路线时应充分考虑到各厨房领料、清运的路线。

3. 生产活动安排在同一楼层，尽量缩短工序衔接距离

厨房的生产、加工应集中安排在同一楼层、同一区域内，这样可缩短成品的运输距离，提高工作效率，减轻厨房工作人员的劳动强度，便于管理人员集中控制和督导。在实际设计中由于面积所限，同一楼层不能容纳全部工作室时，可以将相对较有共性的工作室、干货室、卤水间、烧烤间等合并到同厨房、同楼层内，合并的厨房一定要考虑与各楼层之间的关系，尽量设在中间地带。出品厨房尽量接近餐厅，减少产品的运输时间，加快上菜速度，最大限度地保证产品的口味。

4. 注重食品卫生和生产安全

厨房设计应考虑卫生和安全因素，食品的卫生是厨房生产经营的先决条件。厨房应注意设置独立的消毒设备，冷藏间、烧烤间等要相互独立。

厨房的安全生产是非常重要的，甚至重于厨房的生产经营。厨房设计过程中应周密设计防火设施及工作人员的安全通道；厨房使用液化气、柴油等燃料时，燃料间要设计在独立、安全的通风场所，在设计中要尽量保证过道宽大、直通。

5. 留有调整发展空间

厨房在设计布局时要避免设备的紧密排拼，要留有发展空间，要考虑到中长期的发展规划和厨房设计出现的新形式，为以后的厨房调整留有余地。

二、厨房布局设计的程序

厨房布局设计的一般程序是：

1. 在地点选择、经营策划、经营目标、经营方式、经营品种等都确定的情况下，按照厨房的使用功能决定整体的设计思路。

2. 根据整体思路确定厨房位置和面积、内部环境设计、具体布局，以及厨房其他方面布局，如照明要求、温度控制、噪声控制、色调及设备摆放距离等。

3. 在以上各种因素都基本确定的情况下，实施整个厨房的具体设计和布局。

4. 按照一定的比例，画出厨房整体设计和布局的图纸并标出代码。

5. 在图纸上具体标出代码所代表的设备、设施和摆放用具的名称，并标出具体的面积和体积。

6. 最后还应估算出整个厨房的设备、设施及用具的采购费用等。

三、厨房布局设计的要求

厨房布局设计的要求有以下几点：

1. 编写设计方案时要主题明确，可以包括地点选择、经营策划、经营目标、经营方式、经营风格和品种等。

2. 编写设计方案时要考虑各方面的意见和建议，特别是厨房策划、管理和操作人员的意见和建议。

3. 设计方案中应包括具体设计布局的图纸，并且标出比例和设备、设施的名称与规格。

4. 编写出整个设计布局的预算方案。

四、厨房布局设计的内容

1. 厨房的选位

厨房的位置一般是根据整个餐饮企业建筑的位置、规模、形状等进行设计和选定的，有以下几种情况：

（1）设在底层

绝大多数餐饮企业的厨房都设在建筑物底层。厨房设在底层的优点是：便于运输，将采购的原料直接运入厨房，减少运输环节；便于垃圾的清运；便于厨房能源的连接，减少机械成本；便于安全操作。缺点是抽、排烟困难，一般采用高烟囱导排的方法减少油烟对附近环境造成的污染和危害。

（2）设在顶层

有些大型餐饮企业的顶部设有观光餐厅或旋转餐厅，如果从底层供应食品，不仅影响饭菜的质量，也影响上菜的速度，所以这些餐厅都在顶层设厨房。顶层厨房经营的品种相对较为简单，其大量的加工工作一般在底层厨房中完成，这样既减少了工作量，也减少了厨房作业人员的数量和产生的垃圾。设计顶层厨房时，应重点考虑安全因素，尽量使用电加热设备。

（3）设在地下室

有的餐饮企业面积小，不得不将厨房设在地下室。地下室厨房的缺点首先是原料运入和垃圾运出困难，其次是可选择的抽、排风设备较少，最后是员工的安全通道设置困难。

2. 厨房设备的布局

厨房设备的布局是指根据餐厅的经营方式和内容，按餐饮食品的生产流程，对厨房各生产操作单元及其所需设备进行定位。厨房设备的布局大体有以下四种类型供参考：

（1）相背形布局

相背形布局是把所有的烹调设备背靠背地组合在厨房内，置于同一通风排气罩下，厨师面对面进行操作。工作台安装在厨师背后，其他公用设备可分布在附近的地方。采用这种布局时，由于设备比较集中，只使用一个通风排气罩即可，比较经济，但却存在着厨师操作时必须多次转身取工具、原料，以及必须多走路才能使用其他设备的缺点。

（2）直线形布局

这种布局适用于大型餐饮企业分工较细的操作过程。所有主要烹调设备通常依墙直线排列，置于一个长方形通风排气罩下。每位厨师按照分配专门负责某一类菜品的加工烹制，所需的设备均分布在其左右和附近。与之相应的厨房其他设备（如打荷台、出菜台等）也是直线排列。这种布局使厨房清洁清爽，并能减少人员取工具的行走距离。

（3）V 形布局

厨房设备较多而所需生产人员不多，出品较集中时，可采用 V 形布局。这种布局一般将工作台、冰柜以及加热设备四周摆放，留一出口供人员、原料进出，这样厨师可以在中间操作而且取料方便，并可缩短移动距离。这种布局一般多用于点心间、冷菜间、火锅和涮锅操作间等。

（4）L 形布局

这种布局是将小型设备放在一边，大型设备放置于另一边，两边相连呈直角形式，集中加热抽排烟，厨师可兼顾同一组设备，从而节省人力。此种布局一般应用在面点生产间、西饼屋和小型厨房。

3. 厨房的高度设计

厨房的高度设计主要是指操作间的高度设计。不同餐饮企业厨房的高度也不同。多数大型、较大型餐饮企业厨房的高度能够达到 3.3 ~ 4.3 米。中小型餐饮企业厨房的高度一般在 2.8 ~ 3.3 米。有些小型、微型餐饮企业厨房的高度甚至在 2 米以下。

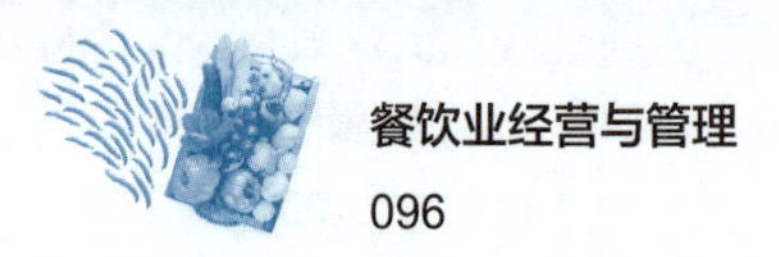

4. 厨房的配套设施设计

厨房的配套设施主要是指通风设施、照明设施、控温设施、降噪设施、冷热水供应设施、排水设施等。

（1）通风设施设计

厨房通风通常依靠三种方式：一是自然通风，二是机械设施通风，三是其他方法通风。机械通风设施常用的有三种：一是通风设施，如通风罩、换气扇、抽风机；二是排烟设施，如排烟罩；三是排气设施，如排气罩。

（2）照明设施设计

厨房照明应达到光线适度的要求，光线不能太强，也不能太弱。厨房内一般照明要求为 200 ~ 300 lx，加工烹调工作台的照明要求是 350 ~ 400 lx。如果低于 200 lx，则光线太弱，易造成工作人员眼睛疲劳和不适。如果高于 400 lx，则光线太强，一方面会使工作人员感到刺眼，另一方面使电费增加，同时也容易损坏照明设备，从而增加生产成本。

（3）控温设施设计

厨房内温度应常年保持在 20 ℃左右。高温作业容易导致人中暑或脱水，降低工作耐力；低温作业容易使人手脚冻僵或麻木，降低工作效率。所以，应将厨房内温度调节至人体感到舒适的范围内。

（4）降噪设施设计

厨房噪声主要来自排烟设备、排气设备、冰箱冷冻设备及厨房内刀工切配声音、煎炸烹调等食品制作声音。厨房内应安装降噪设施，尽量降低这些噪声。

（5）冷热水供应设施、排水设施设计

厨房内冷热水应该都具备，这就要求厨房内的灶台应分别接通冷热水供应管道，并分别安装冷热水开关，方便烹调制作。厨房内的排水设施包括地面排水槽、排水槽盖、排水槽出入口、下水道等。

5. 厨房的装修设计

厨房的装修主要是指厨房地面、墙壁、屋顶天花板的装饰，其中地面装饰首先是从厨房内卫生和安全角度来考虑的，其次再从厨房内的美观角度考虑。

厨房的装修应使用卫生、耐脏、防滑、耐磨、不吸水和油、易打扫的地面和台面装饰材料。地面要有一个合理的倾斜度，一般是从操作台开始，向排水沟槽、下水槽

口倾斜，以便于冲洗。厨房墙面和天花板的装饰主要是从美观和卫生两个角度来考虑。由于厨房的烟雾、水蒸气、油污大，对墙面和天花板的腐蚀性强，又不宜经常大面积清洗，所以厨房的墙面和天花板应选择耐腐蚀、耐潮湿、不易积存油污或较易清洗油污的瓷砖、瓷瓦等装饰材料。同时，由于厨房内烟雾和蒸汽遍布各个角落，所以，墙面瓷砖应从墙角一直铺到与天花板相接之处。

第四节　厨房设备管理

“巧妇难为无米之炊”是强调原料在烹饪工作中的重要性，但实际上，如果是“无炊之米”，那么巧妇也同样难为。此“炊”即指厨房设备。厨房设备的发展对于烹饪原料利用的广度和深度起着决定性的作用。只有做好厨房设备管理，让厨房设备充分发挥其作用，才可能生产出色、香、味、形、意、器、养兼具的菜品。

一、厨房设备的要求与分类

厨房设备是厨房生产所需要的器械装置的总称。

1. 厨房设备的要求

（1）卫生

由于厨房设备是生产食品的装置，大部分设备将与食品直接接触，所以国家要求厨房设备必须符合有关标准，必须通过有关设备毒性试验的检验，必须无臭、无味、无毒，不会对食品造成污染和损害，并易清洁、消毒、杀菌等，这是对厨房设备最基本的要求。

（2）较好的抗腐蚀性

在厨房生产过程中，大部分设备与酸、碱、盐、油、蒸汽、热空气等物质直接接触，这就要求设备与器具有良好的抗腐蚀性和化学稳定性。即使在高温热辐射、热油等条件下，器具和设备也要有良好的抗氧化性和抗腐蚀性，不能因此而生成有害人体健康和损害食品口味、营养成分的物质，更不能生锈或损坏。

（3）较好的耐磨性

由于烹饪过程中环境条件的特殊性，烹饪设备的机械磨损较突出，所以要求设备具有较好的耐磨性。

此外，厨房设备还应具有较好的强度、刚度、硬度、抗冲击性、耐冷热性等性能。

2. 厨房设备的分类

厨房设备按用途可分为原料预处理设备、加热设备、其他设备三大类。

（1）原料预处理设备

原料预处理设备是在烹制前对烹饪原料进行机械加工的装置，按其功能可分为两大类：

1）烹调加工设备。烹调加工设备主要是用于对热菜和冷菜原料进行预处理的加工设备，如锯骨机、切片机、榨汁机、搅拌机、绞肉机、家禽脱毛机等。

2）面点加工设备。面点加工设备主要是用于制作面点的加工设备，如和面机、打蛋机、搅拌机、压面机等。

（2）加热设备

加热设备是对烹饪材料进行加热或熟制等处理的设备，根据其使用能源不同，可分为燃料设备和电热设备。

1）燃料设备。厨房中以固体、液体、气体为产热能源的加热设备称为燃料设备。厨房设备正向电热设备的方向发展，燃料设备将逐步被电热设备所代替。现代厨房的燃料设备有炒灶、汤灶、蒸汽灶、煲仔炉等。

2）电热设备。厨房电热设备是以电为产热能源，且能够经济而有效地用于食品热处理的设备，如电烤箱、微波炉、电煎锅、电炸锅等。

（3）其他设备

厨房设备中还有一些不可缺少的设备，如冷藏设备、通风排气设备、清洁消毒设备、给水设备、供电照明设备、消防设备等。

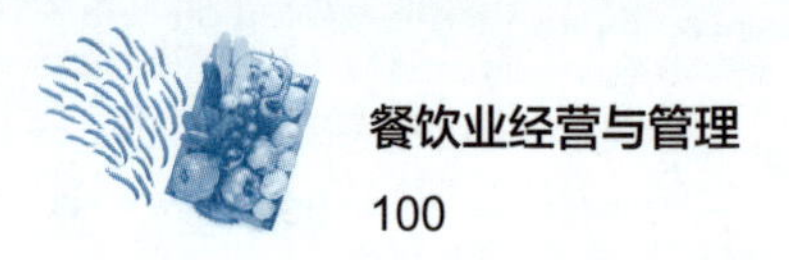

二、厨房设备的选购原则

厨房设备选购的好与坏将直接影响到厨房的生产，一旦出现选购失误，将给厨房生产带来困难，使餐饮企业经济效益遭受损失。因此，厨房设备的选购是极为重要的。企业选购厨房设备时应根据自身的经济实力，选择技术先进、经济合理的设备。

1. 选购优质名牌产品，防止采购质次价高、性能低劣的设备。

2. 选购技术先进、操作简便、高效能、低消耗、环保型的设备。

3. 选购易于标准化、通用化操作的设备。

4. 设备的配件尽量由原主机厂家提供。

5. 选购由无毒性、易回收材料制成的设备。

6. 如果对设备有特殊要求，应由下达采购任务的部门提供审定图纸。

三、厨房设备的维护与保养

厨房设备的维护和保养是厨房管理人员不容忽视的问题之一。厨房设备一经购进并投入使用后，其使用寿命的长短、折旧损耗程度等因素，除了与正确使用有关外，与设备的保养也有密切的关系。这就是说，对厨房设备进行及时、合理、有效的维护和保养，是使厨房设备处于最佳运行状态的重要保证。因此，对厨房设备的维护和保养并不是可有可无的，而是一项必不可少且行之有效的程序。

1. 原料预处理设备的维护与保养

（1）绞肉机的维护与保养

1）绞肉机要摆放平稳，安装时注意刀片的正反，要使刀的正面朝外，轴头要旋紧以固定刀片，不使其晃动。

2）使用时，切忌将带骨的肉料投入机内，以防损坏刀片及机器。处理筋膜较多的肉料（如牛腿肉等）时，应先将筋膜剔出，再投入机内，否则机器出料口容易堵塞。

3）在投料时，不要用手在下料口填压原料，要用专门的填料器。

4）机器使用完毕后，应将转轴、刀片、圆形多孔铁板、轴头等拆卸下来，分别清洗干净，擦干水后再按要求组装好，以备下次使用。清洗时，电动机部分不要接触水。

（2）切片机的维护与保养

切片机使用完毕后，应将其表面和刀片上的油污、水迹及食物残渣彻底清除，防止其变质或霉变而污染食品和腐蚀机器。应定期将刀拆卸下来，清洗刀片与机体缝隙内的污物，同时给各部件加润滑油，最后定期使用磨刀器打磨刀片，使其保持锋利。

（3）去皮机的维护与保养

1）每次使用完毕，必须对磨盘、桶壁进行冲洗，除尽污物。

2）检查传动带的松紧情况。

3）检查磨盘的磨损情况。

4）发现有异常响声应立即关机。

（4）锯骨机的维护与保养

1）使用完毕后，用温水清洗锯条、台面，除尽骨屑、碎肉，擦干水迹。清洗时，要防止水进入电动机内。

2）定期给轴、轮上润滑油。

3）经常检查机器锯条和连接点。

4）清洗保养后，罩上盖子。

（5）切碎机的维护与保养

切碎机使用完毕后，要及时将各部件分别清洗干净，并擦干水置于干燥处。清洗时注意不能把底部浸于水中，以免损坏电路绝缘而导致漏电。

2. 加热设备的维护与保养

（1）炒灶的维护与保养

1）每日清洗炒灶表面油污，疏通灶面下水道。

2）每周用铁刷刷净煤气火眼上的杂物并疏通。

3）经常检查管道接头处和开关，防止燃气泄漏。

（2）汤灶的维护与保养

汤灶的维护保养方法和炒灶的维护保养方法相同。

（3）蒸汽灶的维护与保养

1）使用后要及时将锅中的水舀干净。

2）蒸汽盘管要保持畅通，并经常清除盘管上的水垢。

3）保持灶面的清洁卫生。

4）经常检查气压阀和气压表，保证供气正常。

（4）电烤箱的维护与保养

1）电烤箱由于耗电量大，所以一般线路不宜安装，以防线路过载造成火灾。

2）电烤箱需用专用插座取电。

3）电烤箱要避免受潮，要距离水池或水龙头远一些。

4）电烤箱在工作时，不可频繁地开启箱门观察，以免热效率下降。

5）烘烤有油汁的食物时，烤盘、烤架要同时使用，以防油汁滴入加热器而影响烤箱使用寿命。

6）清洁电烤箱外壳要趁热用软布擦拭，才能将污渍擦净。清洁电烤箱内部要待温度降低后再进行。电烤箱内部清洁不可用水或其他洗涤品，只能用干的软钢丝刷。

7）电烤箱使用完毕后，要及时将电源插头拔下，以防发生事故。

（5）微波炉的维护与保养

1）微波炉使用完毕后要及时清除炉内的溢出物。

2）经常用中性溶液擦洗玻璃盘及内壁。

3）定期检查炉内排风管是否畅通，并清除堵塞物。

4）检查门缝是否封闭，连接开关是否完好。

5）检查是否有微波泄漏。

6）使用完毕后要及时拔掉电源插头，切断电源。

3. 冷藏设备的维护与保养

（1）各式冷藏设备介绍

1）活动式冷库。餐饮企业的冷库以活动式冷库居多。冷库是现代餐饮企业的冷藏设备，具有冷藏空间大、食品经速冻后保存期较长的特点，不仅可供平时食品保鲜储存之用，还可用来储备一定量的食品原料。

2）冰箱。冰箱的形式较多，有四门冰箱、八门冰箱等。冰箱根据制冷方式和制冷温度不同，又可分为速冻柜、冷藏柜等类型。

3）兼带工作台的冰箱。这类冰箱上面是不锈钢工作台，下面是冰箱箱体。该类冰箱在冷菜间、配菜间等工作点常常见到，具有使用方便、易于清洁、节省厨房空间等优点。

4）冷藏陈列柜。冷藏陈列柜又称冷藏展示柜，其柜门是由透明保温玻璃制成的，柜门两边有照明灯管，从外面可以直接看到内部的储存物，多用于储存水果、糕点、冷菜及酒水等食品。

（2）冷藏设备的维护与保养

1）冷藏设备需要专人管理。

2）不要频繁开启冷库库门或开启时间过长，最好是在规定时间内开启。

3）冷库内食品堆放应上架，且货架可自由拼接，使用方便。

4）物品堆放要留空隙，便于冷空气流通，冷库蒸发器附近不要塞满物品，以防影响制冷效果。

5）热的食品要待其冷却后再放入冰箱内或冷库内。

6）冷库、冰箱等使用一段时间后，要进行彻底清洗，以免积存污物，滋生细菌。

7）要经常检查冷库是否有冷气泄漏的情况发生，以免污染食品及环境。该项检测应由专业人员定期进行。

8）经常观察和测试冷库、冰箱的温度，以便及时发现、排除故障。

9）厨房内摆放冰箱时应远离热源，避免阳光直射或过于潮湿，也不能将冰箱放在闷热不通风的屋子里。

10）在搬运或运输冰箱时，不能倒置或过分倾斜，尽量避免碰擦，搬运时倾斜角度不能大于45°。

厨房冷藏设备使用频率较高，构造精细复杂，操作人员操作时稍有不慎，设备就会发生故障而影响食品质量，造成不必要的浪费。因此，为了减少损失，冷藏设备发生的故障要尽快排除。

四、厨房设备管理措施

厨房设备管理的优劣，不仅关系到设备的使用寿命，而且关系到餐饮产品的质量和生产效率，同时还关系到使用者的人身安全及能源的节约。

1. 建立健全岗位责任制

厨房设备的管理应该做到定人、定岗、定部门，遵守谁使用谁负责清洁保养的原则。在每日的清洁保养中注意检查，发现安全隐患和问题要及时向领班报告，由领班通知维修人员前来维修，不得带故障操作。厨房新设备在投入使用前，要对设备使用人员进行操作规程培训，经考核合格后，方能上岗。厨房管理人员还应定期请有关技术人员对厨房设备进行维护和保养。

2. 严格遵守操作规程

厨房设备的种类繁多，使用频率也很高，管理人员应根据设备的不同特点和各种要求，对其使用方法、操作规程及注意事项做出规定。设备使用者严格遵守操作规程是提高设备生产效率和产品质量的保证。反之，如果违章操作，不但会影响设备的工作性能，还可能发生安全事故，危及员工人身安全，缩短设备使用寿命。因此，一般的设备都需要编写操作规程。

3. 采取可靠的安全措施

（1）要在厨房中不安全的工作部位安装防护装置，如切片机的刀片、绞肉机的料斗等。

（2）要在以电源作动力源或热源的设备上安装可靠的接地线和专用熔断装置，以防发生触电等事故。

（3）可在加热设备中安装温度控制装置，以免发生火灾。

（4）要对设备进行定期检查和修理，及时更换易损零件，消除事故隐患（非专业人员不得随便拆卸设备部件）。

（5）应对新上岗的人员进行设备知识培训和安全教育，以免违章操作而发生事故。

（6）厨房必须配有灭火装置，员工应学会使用灭火器和其他安全装置进行灭火。

4. 明确设备使用的注意事项

（1）严格按设备性能和工作原理进行操作，不得滥用。

（2）对复杂设备，应在显眼处标明操作程序和注意事项。

（3）使用设备前要检查开关和保险装置是否完好，若有损坏，要采取相应的措施。同时，要注意设备是否受潮或沾水，如果设备上有水，要立即切断电源，将水擦干，否则会因漏电而发生危险。所有电气设备使用完毕后，应立即关闭电源。

（4）厨房人员必须遵守安全规则，使用设备时要集中注意力，工作时不得擅自离开开动的机械设备，一旦发现设备运行异常，要立即停机检查并分析原因。不懂设备性能者不得随意拆卸设备，以防发生事故。

（5）厨房管理人员要经常检查员工使用设备的情况，如有违规使用的行为，记入成绩考核，进行惩罚。

（6）设备使用后要随时清洁，做到无余料、无杂物、无油渍、无水迹。厨房中有些设备极易沾染物料，如果不及时清洁，就会影响菜品质量，甚至引发食物中毒事故。

1）厨房各种机械加工设备每次使用前后都要清洁，清除设备内的污物和沾染物。例如，绞肉机使用后如果不及时清洗干净，其内部残留物就会腐败变质、发臭，造成细菌大量繁殖。

2）接触食物的部件必须由不发生毒性迁移的材料制成。

5. 开展节能教育，落实节能措施

（1）教育厨房每一位工作人员树立节能意识。

（2）节约用水、用电，养成随手关水龙头和随手关电源开关的习惯。

（3）合理使用动力设备，减少不必要的能源消耗。

第五节　厨房生产阶段质量管理

概括地讲，厨房生产流程主要包括加工、配份、烹调三大阶段，加上冷菜和面点两大相对独立的生产环节，便构成了厨房生产阶段质量管理的主要对象。针对厨房生产流程不同阶段的特点，明确制定操作标准，规定操作程序，健全相应制度，及时灵活地对生产中出现的各类问题加以协调督导，是对厨房生产阶段进行有效控制管理的主要工作。

一、加工阶段的质量管理

加工阶段包括原料的初步加工和深加工。初步加工是指对冰冻原料的解冻，以及对鲜活原料的宰杀、洗涤和初步整理。深加工则指对原料的切配成形和腌浆工作。这一阶段是厨房生产制作的基础，原料加工的规格质量和出品时效对下道工序的生产有直接影响，同时还影响着原料净料率及其成本控制。

1. 加工质量管理

（1）冰冻原料解冻

要使解冻后的原料恢复新鲜软嫩状态，尽量减少汁液流失，保持其风味和营养，应注意以下几点：

1）解冻原料温度要尽量低，切不可操之过急，要有工作计划，预设足够的解冻时间。

2）解冻过程中不宜将原料直接暴露在空气中或浸泡在水中，最好用聚乙烯膜包裹着原料进行解冻，减少原料氧化或被微生物污染的机会。

3）原料外部和内部解冻的时间差要小。

（2）加工净料率

加工净料率是净料与毛料的比率。加工净料率越高，原料的利用率就越高，单位成本也就越低。因此，把握和控制加工净料率十分必要。管理人员可通过餐饮成本核算报表来控制加工净料率，另外还要不定期地检查下脚料，看看其中有无可用原料，促使员工不断提升加工净料率。

（3）加工规格和卫生指标

要尽量提高厨房加工人员的专项技术水平，从严掌握加工规格和卫生指标，不符合质量标准的加工品禁止流入厨房配菜间。

2. 加工数量控制

餐饮原料的加工数量主要取决于厨房配份岗位使用原料和销售菜品品种的多少，加工数量应以销售预测为基础，以满足生产为前提，留有适当的储存周转量，避免因加工过多而造成积压，或者因准备不足而无料可供，致使餐饮质量下降。宴会厨房、风味厨房、多功能厨房等应根据营业情况，于当日统一时间分别向加工间预订次日所需原料，填写订单，再由加工间汇总，向采购部申购或去仓库领货，统一加工后按订单发放。这样可较好地组织加工生产，减少失误。

3. 各类原料的加工标准与要求

（1）禽类原料的加工标准与要求

1）宰杀刀口大小适当，血液放尽。

2）羽毛去净，洗涤干净。

3）内脏污物清洗干净，物尽其用。

（2）肉类原料的加工标准与要求

1）分档部位准确，完整适用。

2）筋膜剔净，保证清洁。

3）成形整齐，分类放置。

4）用保鲜膜封裹并及时冷藏。

（3）水产类原料的加工标准与要求

1）鱼：留鳞则完整，去鳞则去净，鳃、血、杂物去尽洗净。

2）虾：去净沙包、泥肠和须枪。

3）河蟹：整只使用时要刷洗干净，拆开取肉时要保证肉中无碎壳，蟹肉与蟹黄分别放置。

4）海蟹：去尽腹脐、腮肺等不能食用的部位。

（4）蔬菜类原料的加工标准与要求

1）无老叶、老根、老皮及筋络等不能食用的部分。

2）修削整齐，符合规格大小。

3）无泥沙、虫卵，洗涤干净，水分沥干。

4）合理放置，不受污染。

（5）原料切割的标准与要求

1）大小一致，厚薄均匀，放置整齐。

2）用料合理，物尽其用。

（6）原料上浆的标准与要求

1）调味品投放合理，调味准确。

2）浓度适当，调拌均匀。

3）放入相应盛器中并妥善冷藏。

（7）水产品活养的标准与要求

1）原料鲜活，无病死现象。

2）水质清澈无杂质。

3）温度适宜，供氧充足，通风及光线适当。

二、配份阶段的质量管理

配份阶段是决定每份菜点的用料及成本的关键。因此，配份阶段的质量管理既是保证产品质量的需要，也是保证企业生产经营效益的前提条件。

1. 配份数量及成本控制

配份数量控制具有两方面的意义：一方面，它可以保证配出的每份菜点数量达标，成品饱满；另一方面，它又是成本控制的核心。原料通过加工、切割、上浆等处理，到达配份岗位时其成本已经很高，配份时如果疏忽大意，或者大手大脚，流失原料，将为准确地计算和控制成本增添诸多麻烦。做好配份数量控制工作的主要措施是制定和使用标准食谱卡，明确配份标准，规范操作过程。

制作标准食谱卡的步骤如下：

（1）确定食谱卡的式样，如卡片尺寸大小、纸张质量、版面设计等。

（2）确定食谱卡的内容和项目，如菜点名称，主料、配料、调料名称和数量，以及制作方法、制作要求、成本率、总成本、售价、盛器规格、菜点标准照片等。对此，企业可根据需要予以增添或删减，以实用美观为准。

（3）精确核算标准食谱的成本。食谱卡中的配料数量及成本率要相对精确，有些原料要反复测试（如涨发率、净料率、加热损耗等），有些原料的进价随季节变化上下波动，对此，可用常年均价进行核算。

（4）拍摄标准菜点的照片，照片是最直观、最易掌握，也较易保管的控制工具。

（5）制作食谱卡片交付岗位使用。按照确定的设计方案绘制图表，制成卡片交付配份岗位使用。

当标准食谱卡交付使用时，管理人员必须组织生产人员进行培训，使他们明确使用标准食谱卡的必要性和重要性，并要求全体员工无论资历深浅，都要认真执行。事实证明，实施标准控制对企业员工、顾客消费、企业经营都有益，应推广使用。

2. 配份质量管理

（1）配份质量

首先，要保证同样菜点的原料配份必须相同，严禁随意更换或替代配料。配料不一致，不仅影响产品质量，还会影响企业的社会信誉和经营效益。其次，配份操作要考虑到下道工序的顺利操作。每份菜点的主料、配料、小料分别放在不同的料盘中，实行三料三盘，规范放置。最后，理顺工作关系，健全出菜制度。为此，应做到以下几点：

1）强化每位配菜员工熟记配份标准的能力，定期考核检查，不及格者离岗。

2）坚持使用各种计量工具，养成用秤称量、论个计数的习惯。把“一抓准”的

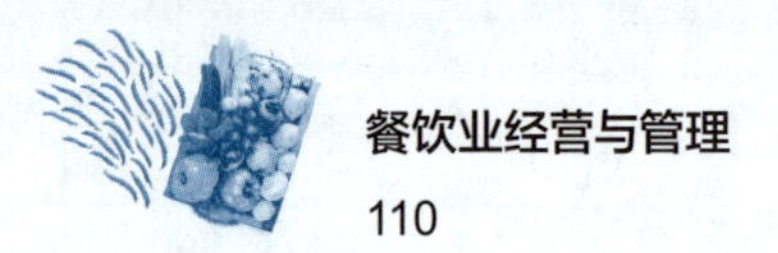

操作技能和称量结合起来，既保证工作质量又提高工作效率。

3）坚持凭单配菜，坚决制止无单配菜或假公济私现象。配菜员工必须凭餐厅订单、宴会通知等进行配菜。

4）防止配菜失误。配完一单菜品后要及时检查，如果有重配、漏配、错配现象应及时纠正。

（2）配份工作程序

1）根据加工原料申订单领取加工原料，备齐主料和配料，并准备配菜用具。

2）对菜品配料进行切割，部分主料根据需要进行加工处理。

3）根据营业需要，取泡涨发干货原料并妥善保管。

4）干货原料涨发方法正确，涨发成品疏松绵软、清洁无异味并达到规定涨发率。对已发好的干货进行洗涤切割，交炉灶人员焯水后备用。

5）配份品种、数量符合规格要求，主、配料分别放置。备齐各类配菜筐、盘，清理配菜台和用具，准备配菜。

6）接受订单，按配份规格配制菜品的主料、配料和料头，置于配菜台出菜处。接受零点订单 3 min 内配齐，宴会订单提前 20 min 配齐。

7）开餐结束，交代值班人员做好收尾工作，将剩余原料分类储藏。

8）清理工作区域，用具放于固定位置。

3. 料头准备工作

料头即配菜所用的葱、姜、蒜等小料。这些小料虽然用量不大，可在配菜与烹调之间却约定俗成地起着无声的信息传递作用。它可以标示菜品的种类、烹调方法和口味特色等，如葱段、葱花、马蹄葱片、姜片、姜花、姜米等，其用途既不用交代，又一目了然。料头的准备工作要由配菜厨师在开餐前做好。

（1）标准与要求

1）大小一致，形状整齐美观，符合规格要求。

2）数目适当，品种齐备，满足开餐配菜需要。

（2）工作程序

1）领取、洗涤各类料头用料，分别存放于固定位置。

2）根据菜品烹调需要，按料头规格切制。

3）根据性质、用途不同，将切好的料头分别干放或水养，置于专用器具和固定位置，并用保鲜膜封盖。

4）清理砧板、工作台，将剩余原料放回原位。

5）开餐时揭去保鲜膜，根据需要分别取用。

三、烹调阶段的质量管理

烹调阶段是确定菜品色泽、口味、形态、质地的关键。管理得当，产品质量稳定并优良；管理不当，工作效率低，产品质量差，顾客投诉增多，造成工作被动和效益损失。

1. 烹调质量管理

烹调质量管理应主要从烹调师的操作规范、烹制数量、出菜顺序、出菜速度及工作失误的处理等环节予以督导和控制。

（1）烹调师要自觉服从打荷厨师的安排

打荷厨师虽然是烹调师的工作助手，执锅炒菜的技艺不如烹调师，但他们了解菜单的内容和结构，对先出哪个菜、后出哪个菜、出菜时间和速度等了如指掌。

（2）烹调师要按操作要求进行烹制，不能随心所欲，任意发挥

尽管不同烹调师对某些菜品的理解不尽相同，或技术上各有“绝招”，但个人技能要服从统一规范，保证整个厨房出菜质量的一致性并且是最高水平。技术研究和交流要定时组织，好经验和新方法要纳入规范后推广应用。

（3）控制每锅一次烹制的菜品数量

实践证明，这是保证菜品烹调质量的重要措施之一，单菜单炒，既能保证火候和调味准确，又可防止合炒分装时不均而造成的失误。

2. 烹调阶段工作程序

（1）打荷工作

1）标准与要求。台面清洁，调味品齐全，陈放有序；汤料洗净，制汤火候恰当；餐具种类齐全，盘饰花卉充裕；分派菜品合理，符合烹调师的技术特长；出菜顺序和速度适当；盛器与菜品相配，盘饰美观大方，形象完整；打荷台面干净，剩余用品及时储藏。

2）工作程序。清理工作台，备齐调味汁及拌糊原料；领取制汤原料，制备鲜汤；备齐餐具，领取盘饰花卉；传送分派菜品；协助烹调师盛装菜品并进行整理和盘饰；

将装饰好的菜品传递到出菜位置；清理工作台，将餐具和盘饰花卉放回原位；洗晾抹布，锁好工作台的门。

（2）盘饰花卉制作

1）标准与要求。盘饰花卉至少有 5 个品种，数量足够；各种花卉要于开餐前 30 分钟备齐。

2）工作程序。领取食品雕刻原料及香菜、香芹等盘饰用料；清理工作台，准备各类刀具及盛放花卉的盛具；雕刻不同品种的花卉；整理香菜、香芹等盘饰用料；将雕刻作品及其他盘饰用料用保鲜膜封盖，放置在低温处保鲜；清理工作台，将剩余原料放回原位。

（3）菜点盛器准备

1）标准与要求。盛器的种类、数量符合盛菜要求；摆放位置合适，便于取用。

2）工作程序。根据营业需要列出各类盛器的名称、规格和数量；分别领取各类盛器并分类放于冷菜间和热菜出菜台；检查核对，如果有错漏应及时调整；用洁净台布遮盖盛器，防止杂物污染。

（4）炉灶烹制工作

1）标准与要求。调料罐放置合理，固体调料颗粒分明，液体调料清洁无污染，添加数量适当；备用的清汤清澈透明，白汤浓稠乳白；焯水蔬菜色泽鲜艳、质地脆嫩；焯水要去净血污和异味；调制糊浆稠稀适度，无颗粒或异物；调味用料准确，色泽和口味达标；火候掌握准确，烹制及时；装盘整洁美观。

2）工作程序。准备用具，开启排风设备，点燃炉灶；根据原料性质和用途，进行焯水或过油等初步熟处理；调制清汤、白汤，做好烹调用汤准备；烹制各种调味汁；接受打荷安排，及时烹制菜品；开餐结束后，妥善保管剩余调味品，擦洗炉灶，清理工作区域。

（5）烹调失误退回厨房的菜品处理

1）标准与要求。处理及时，补换菜品迅速；菜品质量可靠，形象美观。

2）工作程序。餐厅退回菜品时，及时向厨师长汇报，交厨师长复查鉴定，迅速安排处理；确认口味欠佳的菜品，交打荷人员即刻安排，烹调师调整口味，重新装盘；无法调整口味或形象破坏太大的菜品由厨师长安排重新配料并交给打荷人员，打荷人员接到重新配料的菜品应及时分派烹调师烹制，烹调盛装后，经厨师长检查认可，迅速送到出菜台并予以说明和划单；开餐结束后，分析退菜原因，采取处理措施并将情况记入退菜处理记录表（见表4-1）。

表4-1 退菜处理记录表

日期	餐别	菜点名称	直接责任人	顾客批评意见	责任人签名	厨师长签名	备注

四、冷菜和面点生产阶段的质量管理

冷菜和面点是厨房生产相对独立的两个部门，其生产和管理与热菜有不同之处，它们各有独立的工作间，产品种类相对较少，生产过程比较简洁。因此，需要将冷菜和面点的质量管理作为餐饮产品生产质量管理的一个专题进行研究。

1. 分量控制

冷菜与热菜不同，多在烹调后切配装盘，且多用小型盛器盛装，但并非数量越少越好，以适量、够用为度。

面点以精致为美，大多小巧玲珑，其分量包括两个方面，一是每份点心的数量，二是每只点心的用料多少，前者决定产品成本，后者影响产品的风味和质量。

控制冷菜和面点分量的有效措施是逐一测试每个品种的用料数量、成形规格和装盘数量，将其制成表格（见表4-2、表4-3）作为执行和检查的标准。

表4-2 冷菜装盘规格表

菜品名称	用料		盛器	装盘要求	备注
	名称	数量			
盐水鸭	熟鸭	1/4只	7寸圆盘	剔骨斩条	盖面

表 4-3　　面点制作装盘规格表

面点名称	主料		配料		制作要求	盛器	装盘数量
	名称	数量	名称	数量			
鲜肉包子	肉馅	30 g	面粉	25 g	皮薄馅嫩	8 寸圆盘	4 只 / 人

2. 质量与出品管理

冷菜具有开胃佐酒的功能，对风味和口味的要求都比较高，风味要正，口味要准，在咀嚼品尝中回味无穷。保持冷菜口味的一致性，可采取预先配制统一规格的冷菜调味汁的做法，待主料改刀装盘后浇上味汁或配味汁即可。冷菜在一组菜点中最先出品，给顾客以先入为主的感觉，因此对其装盘的色彩和造型要求较高。不同规格的宴会中，冷菜还应有不同的盛器及拼摆装盘方法，给顾客以丰富多彩、不断变化的印象，同时也可以突出宴会主题，调节宴会气氛。这些都应在管理工作中加强督导。

面点与冷菜不同，多在就餐后期出品，顾客在酒足菜饱之际，更加喜欢品尝、欣赏点心的口味和造型，有些玲珑别致的面点，顾客往往不忍下箸，或再三玩味，或打包带走。这就对面点质量提出了更高的要求。

冷菜与面点的生产和出品通常是和热菜分开的，其出品的控制手续也要健全。餐厅下订单时，多以单独的两联分送冷菜厨房和面点厨房，按单生产和装盘出品同样要按出菜制度执行，严格防止错、漏或重复。

3. 冷菜和面点生产与出品

（1）冷菜生产与出品

1）标准与要求。使用盛器正确，分量准确，造型美观；菜品色彩悦目，口味符合标准；零点冷菜接单后 3 min 内出品，宴会冷菜在开餐 20 min 前备齐。

2）工作程序。打开开关，用紫外线灯对冷菜间进行消毒杀菌，及时关闭开关；备齐冷菜原料，准备各类盛器；按标准加工制作冷菜；接受订单和宴会通知单，按规格切制装配冷菜，并放于规定的出菜位置；开餐结束，清理冷藏柜，将剩余冷菜放入冷藏；清理工作台和场地卫生。

（2）面点生产与出品

1）标准与要求。面点造型美观，分量准确，盛器合适；装盘整齐，风味特点符合标准。

2）工作程序。加工制作馅心及其半成品，预制部分宴会和团队面点；接受订单，按标准制作出品；开餐结束，清理冰箱，将剩余食品分类放入冷藏；清理烤箱、蒸箱等炊具和工作区域。

第六节　餐饮产品质量管理

厨房生产的菜品、面点等食品是餐饮产品的食物部分，也是最为基础的部分。餐饮产品质量的优劣在很大程度上首先取决于菜点质量的好坏，某种意义上决定着餐饮经营的效果。无论是重视食品原料的管理，还是狠抓厨房生产阶段的管理，一切都是为了生产出质量上乘的菜点食品。因此，控制餐饮产品的出品质量是厨房管理的终极目标。

一、餐饮产品质量的概念

餐饮产品质量的本质就是餐饮产品的实用价值。各类产品都具有特定的质量特性，菜点的质量特性则体现在色、香、味、形、质、器、营养和卫生等方面。餐饮企业的产品质量应当具有三个层次：一是符合目前制定的质量标准的产品质量；二是超过现有质量标准，满足顾客新的需要的质量；三是超过同行业先进水平，在一定时期内已达到的较高的质量目标。

二、餐饮产品质量的内容与特点

1. 餐饮产品质量的内容

（1）色

人们把菜点的色彩简称为“色”。色彩对人的视觉冲击力最大，所引起的感觉也最为强烈。菜点的色彩是由烹饪原材料的固有色、光源色、环境色共同作用的结果。固有色是指物体本身的颜色；光源色是指光源本身的色相和色度，光源色对烹饪原料的色彩影响最大，甚至可以改变原料外部的固有色；环境色就是烹饪原料与所处的环境彼此之间相互影响和反射后形成的颜色。固有色是客观存在的，但不是孤立的，它与光源色、环境色相互作用，形成一种特殊的色彩。因此，在烹饪过程中要充分考虑菜品色彩的完整性，不能只考虑菜品本身的色彩搭配，还要兼顾就餐环境和光源对菜品色彩的影响。

（2）香

嗅觉比味觉灵敏得多，同时，嗅觉也比味觉更易于疲劳，对任何气味的感觉总是减弱得较快，所谓“久居芝兰之室不觉其香”就是这个道理。因此，在餐饮生产经营中要特别重视热菜的时效性和香味调制的多样性。“北京烤鸭”烫热肥香，“水晶虾仁”鲜香柔和，“贵妃醉鸡”酒香浓郁，“麻婆豆腐”麻辣浓厚，“清炒时蔬”淡雅清香，它们无不是一入餐室就香气飘逸，催人下箸。中国菜追求的就是五味调和百味香的中和神韵及境界。

（3）味

“味”又称味道或滋味，是菜点质量的灵魂。中国人不仅善于识味和辨味，而且善于造味，形成了五味调和的美食观念。五味调和包含着滋味之和及趣味之和两种含义，既能满足人的生理需要，又能满足人的心理需要，使身心需要得到统一。因此说，讲究本味是美，合乎时序是美，肴馔适口也是美。

讲究本味之美就是力求烹饪原料的自然之味得到展示，并把握好原料本味的优劣，灭腥除膻去臊，排除一切不良之味，精心调制成美味。合乎时序之美是把饮食调和与天时、人体本身联系起来分析研究，以适应自然。肴馔适口之美是人们对味这一食品质量最朴素的认同，也是最合理的解释。人与人之间存在着明显的味觉差异，即使是同一个人也会因时间、地点、环境、情绪等的不同，对美食产生不同的感觉。以人为本、“看人下菜碟”等，都是对适口之美的认同。

（4）形

“形”是指菜点的成形、造型。原料本身的形态、刀工处理的技法、烹饪加热及装盘拼摆都直接影响着菜点的成形和造型。刀工精美、整齐均匀，装盘饱满、形象生动都会产生美感，使顾客喜悦。创造形象悦目的造型要遵循一定的形式美法则，运用精湛的技术方法，既要讲对称与均衡，也要注意多样和统一，既可以夸张变形，更要注意简化或添加。

热菜造型以快捷神似为主，冷菜造型比热菜有更高的要求，对一些有主题的餐饮活动，可以有针对性地设计冷菜造型。追求菜点形美要把握好分寸，过分精雕细刻、反复触摸摆弄会污染菜品，华而不实、杂乱无章都是对形的破坏。

（5）质

“质”是指菜点的质地，它是影响菜点一般可接受性的一个重要因素。质地包括韧性、弹性、胶性、黏附性、纤维性、切断性及脆性等。任何偏离菜点特有质地的做法都可使其变成不合格的产品。所以人们抵制变硬的蒸鱼，不喜欢发软的脆饼等，因为它们的质地已不是公认的特征。

菜点的质地通常包括以下几种：

1）酥。菜点入口咬后迎牙即散，成为碎渣，产生一种似乎有抵抗而又无阻力的微妙感觉，如“香酥饼”。

2）脆。菜点入口迎牙即裂，而且顺着裂纹一直劈开，产生一种低抵抗力的感觉，如“清炒鲜笋”。

3）韧。菜点入口后带有弹性，咀嚼产生的抵抗力不那么强烈，但时间较长。韧的特点要经牙齿较长时间的咀嚼才能感受到，如“干煸牛肉丝”。

4）嫩。菜点入口后有光滑感，一嚼即碎，没有什么抵抗力，如“糟熘鱼片”。

5）烂。菜点宛如软泥，入口即化，几乎不需咀嚼，如“粉蒸肉”。

菜点的质地受欢迎与否，在很大程度上取决于原料的性质和菜点的烹制时间及温度。因此，制作菜点必须将严格的生产计划与生产工艺相结合，以确保餐饮产品的质地合格。

（6）器

“器”是指菜点的盛装器皿，古人云“美食不如美器”，从侧面说明了盛装器皿是餐饮产品质量的一部分。菜点的盛器犹如商品的包装和装潢，能起到“无声推销员”的作用，不仅能保护菜点，还能提高菜点的品位。美食与美器的和谐统一是中国饮食文化的一个重要方面。中国饮食素来注重选配盛装器皿，究其根源是中国的陶瓷艺术遥遥领先于世界，制造了大量精美绝伦的陶瓷器具，其中相当一部分艺术品用于盛装食物。

从餐饮经营管理角度审视菜点的盛器，则要求盛器与菜点配用得当，盛器的品位与菜点的品位相适应。精美的餐具有很高的欣赏价值，精美的菜点也是一种艺术作品，美食配美器犹如锦上添花。

1）盛器的规格大小要与菜点的分量相适应。如果搭配不当，食物漫至盘缘便有粗制滥造之相，食物缩于器具中心或一角则有干瘪乏色之感。

2）盛器的种类要与菜点的类别相适应。盛器不仅有大小的不同，还有方圆深浅等差异，各种象形餐具和功能餐具也越来越多。例如，砂锅、火锅、汽锅、酒锅、铁板、明炉等各有妙用，不仅有利于菜点保温，而且也是菜点特色的一部分。

（7）温

"温"即成品菜点的温度。同一种菜品或同一道点心的温度不同，口感质量就会有差别。例如，"蟹黄汤包"热吃汤汁鲜香，冷凉则腥而油腻，甚至冷凝无汁；"清蒸黄鱼"热吃鲜嫩无比，冷凉则肉硬味腥。科学研究发现，不同的菜点具有不同的最佳食用温度。例如，冷菜在 10 ℃左右食用最佳，米饭在 65 ℃以上食用最佳，热菜在 70 ℃左右食用最佳，热汤在 80 ℃以上食用最佳，砂锅滚沸时食用最佳。由此可见，厨房生产人员和餐厅服务人员要把菜品上席的温度视为产品质量的一种标准。

（8）声

"声"即菜品在餐桌上发出的声响。有些菜品由于厨师的特殊设计和制作，已经在顾客中形成一种概念，菜品上桌时就应该有响声。例如，"锅巴虾仁"等锅巴类菜品和"铁板鳝片"等铁板类菜品上桌时发出"吱吱"的响声，说明锅巴炸制的酥脆程度和铁板烧烤的温度是达标的。这类菜品在餐桌上的响声为餐厅营造了热烈欢快的氛围。相反，该发声的菜品没有发声，那就是烹制不合格或服务不及时，没有达到人们约定俗成的评判标准，就餐者会觉得菜品质量低劣，甚至破坏顾客的就餐兴致。

（9）营养卫生

这是菜点必须具备的质量标准，该标准虽然抽象，但也可以通过菜品的外表及内在质量指标判断和把握。例如，通过观看炒制的绿色蔬菜颜色可以判断维生素的损失程度；通过品尝"清蒸鱼"，可以感知该鱼的新鲜程度；另外，对一席菜点的用料和口味等进行全面品评，可以发现其营养搭配是否合理。但有些方面不是直观易见的，如畜肉是否经过检疫、河豚是否加工得法，光靠外观和普通的品尝是不容易发现和把握的。因此，抓好菜点营养卫生要靠企业的一贯行为和作风，餐饮生产管理严格，才能保证菜点质量的可靠和优良。

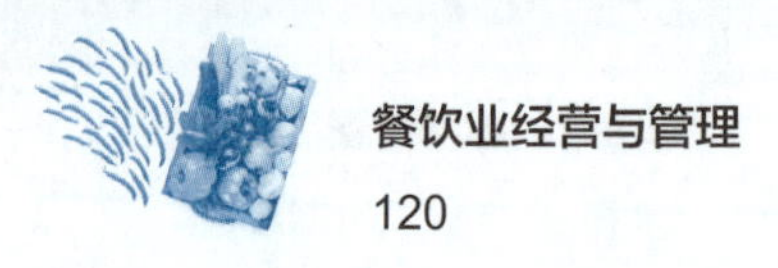

2. 餐饮产品质量的特点

（1）功能性

餐饮产品的主要功能就是营养健康和实用可口，只有美味可口和富有营养的餐饮产品才具有基本的质量。

（2）美观性

餐饮产品的美包含两种含义：一是菜点性色美，二是进餐环境美。顾客在用餐时不仅要满足生理上的需求，还要在心理上得到满足。为了适应顾客的两种审美需求，餐饮产品必须具有两种美的表现。

（3）安全性

餐饮产品的安全性是指厨房生产的菜点要符合卫生要求，保证顾客在用餐时没有任何有害物质及其他影响身心健康的因素存在。餐饮产品的安全性包括菜点卫生和环境卫生，只有两者都达到了规定标准，才能确保餐饮产品的安全性。

（4）时效性

时效性是指餐饮企业能准时地为顾客提供菜点和服务。顾客的用餐需求和时限是有规律性的，只有及时予以满足才能体现出餐饮产品质量的高水平，任何耽搁或延长时间都会影响顾客的用餐兴致。

（5）经济性

经济性是指顾客为餐饮消费而支付的费用合理。在市场经济中，任何产品都有一定的价值和价格，餐饮产品也不例外，顾客往往以价格尺度衡量产品质量的高低，要求物有所值，收费合理。

三、影响餐饮产品质量管理的因素

1. 厨房生产人员的主观因素

菜点是通过厨房生产人员的劳作生产出来的，生产人员的职业素养和情绪变化对其工作质量和产品质量影响很大。职业素养是一种比较稳定的个人品质，而情绪变化则较为复杂，每个人都有喜、怒、哀、乐，这是人对客观事物的心理反应，即情绪或情感。任何情感都在一定的情境中产生，情感有明显的双重性，积极愉快的情感可以提高人的活动能力，消极郁闷的情感则会降低人的活动能力，从而降低其工作积极性和工作责任心。影响厨房员工工作情绪的因素涉及人际关系、领导、社会、生理、工作环境、家庭等，其中任何一项都能影响员工的工作积极性和责任心。员工心情舒畅，情绪稳定，工作就积极主动，自我要求严格，产品质量就有保证；相反，员工情绪不良，态度消极，疲于应付，工作就易于出错，产品质量就无法保证。因此，厨房管理人员在进行现场管理时，既要严格要求，正面督导，也要善于观察，及时为员工排忧解难，化解矛盾，努力创造积极愉快的工作氛围，最大限度地减少不良情绪对工作和产品的影响。

2. 原材料和生产设备等客观因素

菜点质量常常受制于原材料的质量。原料固有品质较好，只要烹饪恰当，产品质量就相对较好；原料先天不良，或过老过硬，或过于碎小，或陈腐变质，即使良厨精工，产品质量也难尽如人意。

厨房生产过程中，还有一些意想不到的因素或不可抗力影响着产品质量。例如，在午饭和晚饭时分，由于千家万户同时用气，气压减小导致厨房大灶供气不足，就可能影响一部分旺火烹制的菜点质量。再如，供电短路造成电力设备无法运转，也必然影响部分产品的生产质量。因此，加强原料采购管理和科学配置生产设备等都是餐饮经营管理的研究内容。

3. 餐饮企业服务因素

餐饮企业服务从某种意义上讲，是厨房生产的延伸和继续。离开厨房的菜点能否及时送到顾客的餐桌上，将因菜点种类差异而不同程度地影响到菜点的质量。温度是菜点质量的内容之一，冷菜升温不爽，热菜降温不鲜。某些造型精巧的菜点如果在送菜途中变形，其质量就打了许多折扣。火锅、涮烤类菜品需要服务人员在顾客面前完成制作工艺，他们的服务技艺和应变能力与菜品质量关系更加密切。因此，生产经营过程中必须强化厨房与餐厅的分工协作，加强沟通与配合，确保菜点生产销售畅通有序和高效优质。

4. 就餐顾客因素

“众口难调”和“适口者珍”说明了餐饮生产质量标准的难以把握。餐饮经营者应该精益求精，不断提高工作质量和产品质量，勿忘顾客满意才是餐饮产品的质量标准。

顾客对菜点的评价还与其对菜点的认知程度有关。例如，“香茅醉紫鲍”中鲍鱼个头越大越好，但吃的时候却是切片越薄越出味。有人戏言“一只鲍鱼吃半天”，假如像吃牛柳那样满口吃肉，将难以感受鲍鱼的鲜香。南方人很讲究汤包的吃法，先咬开面皮，后啜吸馅汤，最后品味蟹黄。假如一口半只，一是鲜汤极易洒落或烫嘴，二是不可能品尝出汤包的滋味。西安人吃“羊肉泡馍”，并不很熟的硬馍要掰得如花生米般碎小才能泡入滋味，把汤喝了就失去“泡”的情调了。这一切都属于顾客对产品质量的认知和体验，在尊重顾客的基础上，巧妙地提醒那些对特色菜点不太了解的顾客，同样是创造和保证餐饮产品质量的工作方法。

四、强化餐饮产品质量管理的重点

餐饮产品质量是餐饮企业的生命，企业素质、企业整体水平在相当程度上取决于其产品的市场竞争力，而质量又是市场竞争的重要指标，因此，强化餐饮产品质量管理对于提高餐饮企业素质有着极其重要的意义。强化餐饮产品质量管理要重点做好以下两项工作。

1. 建立餐饮产品质量保证体系

餐饮产品质量保证体系是指餐饮企业以保证和提高餐饮产品质量为目标，运用系统的原理和方法，从整体出发，把各部门、各环节、各阶段的质量管理职能和活动严密组织起来，形成餐饮产品质量管理的有机整体。建立餐饮产品质量保证体系，要做如下几项工作：

（1）制定明确的产品质量方针、产品质量目标和产品质量计划。

（2）建立一套以产品质量责任制为中心的质量管理工作制度。

（3）建立综合质量管理机构和灵敏、高效的质量信息反馈系统。

（4）建立有效的餐饮产品质量检验机构，并组织好协作部门的质量保证活动，在企业生产经营中实现管理业务标准化和管理程序流程化。

（5）广泛开展餐饮产品质量管理小组活动，使员工参与现场质量管理的优势得到充分发挥，增强餐饮产品质量管理的针对性、有效性。

2. 加强餐饮产品质量管理基础工作

餐饮产品质量管理基础工作主要包括标准化的岗位规范、有效的控制系统、餐饮产品质量的顾客意见记录和信息反馈程序、餐饮产品质量培训教育工作和建立餐饮产品质量责任制等。

（1）制定严格的餐饮产品工艺标准，这是保证餐饮产品质量的前提。

（2）掌握餐饮产品的质量动态，推优汰劣，形成良性机制。

（3）严格餐饮产品工序质量管理，保证每个生产环节的质量。

（4）加强对不合格产品的管理，建立责任制。

（5）组织全体职工参与质量管理，加强质量培训和技术培训。

思考与练习

1. 厨房的概念是什么？厨房包括哪些要素？
2. 厨房是如何分类的？厨房生产有哪些特点？
3. 厨房管理的方法有哪些？简要叙述其内容。
4. 厨房组织结构设立的原则是什么？
5. 厨房组织结构的形式有哪几种？
6. 简要叙述厨房各岗位的职责和人员素质要求。
7. 厨房布局设计的原则有哪些？
8. 厨房的位置选定一般有哪几种情况？
9. 厨房设备布局有哪些类型？
10. 厨房设备管理措施有哪些？
11. 厨房生产阶段质量管理的主要对象是什么？
12. 什么叫餐饮产品质量？餐饮产品质量的内容及特点有哪些？
13. 影响餐饮产品质量管理的因素有哪些？

第五章 餐厅管理

学习目标

1. 了解餐厅的主题选择与环境布置的方法。
2. 理解餐厅运营与管理的主要内容。
3. 掌握餐厅服务质量管理的途径和控制因素，明确餐厅服务过程管理。

顾客在餐厅就餐时，往往对细节很在意。从服务人员的一个动作、一个眼神到上菜程序、餐具摆放、席间服务等，虽不起眼，但带来的影响往往却很大。餐厅的环境细节也会影响顾客的心情。出色的产品、优质的服务加上良好的就餐氛围，只有各个方面都做到位，才会给顾客带来良好的用餐体验。

第一节 餐厅主题选择与环境布置

餐厅环境的设计对于餐厅经营和销售有着至关重要的作用，好的环境设计不仅能够体现餐厅特色，同时也影响着顾客的用餐习惯和心理。

一、餐厅主题选择

餐厅主题选择正确与否，关系到餐厅经营的成败。餐厅主题是餐厅经营风格和服务内容的集中反映。确定餐厅主题是餐厅经营和服务的中心，它包括以下几方面内容：

1. 确定餐厅经营的性质和功能。首先应该明确餐厅为何种顾客群服务，在明确目标顾客群的基础上，确定餐厅采用何种形式进行服务。

2. 体现餐厅销售的方式和内容。

3. 体现餐厅的服务水平和标准。

4. 体现餐厅的技术能力和专长。

确定了独特主题的餐厅对顾客有极大的吸引力，可达到投资少、收益好的效果。餐厅主题选择的成功可以使得餐厅的经营如同顺水推舟，在激烈的竞争中取胜。

在确定餐厅主题的过程中，还应考虑主、客观条件。主观条件包括餐厅的设施设备、资金财力、技术力量等软件、硬件水平。客观条件包括餐厅经营期间的社会形势、经济形势、气候因素、客源状况及餐厅地理位置。

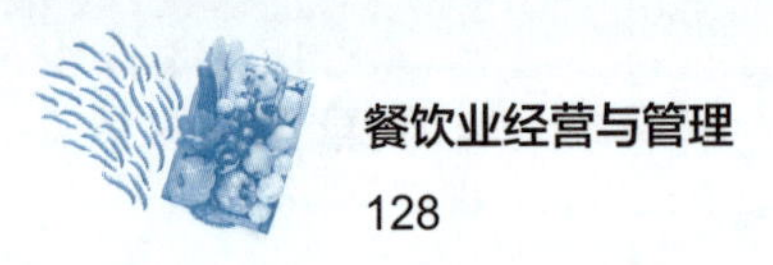

二、餐厅环境布置

1. 影响餐厅环境布置的因素

（1）餐厅的目标顾客

不同的顾客对就餐环境的要求是不一样的。餐厅首先应该了解并确定自己的目标顾客，根据他们的要求布置餐厅，确定环境的基调和主题。

（2）餐饮企业的资金能力

餐饮企业的资金能力是决定餐厅布置、设备选择的主要因素之一。资金能力不强会影响餐厅的布置与设备的购买。

（3）营业场所的建筑结构

餐厅等经营场所建筑结构有各种形状，布置安排时必须因地制宜。服务设施的安排、服务路线的设计都要与现有的建筑结构相协调。

（4）餐厅所提供的服务类型

不同的服务类型对环境布置和安排的要求是不一样的。中餐和西餐无论是对装潢、气氛，还是对家具、餐具都有不同的要求。美式服务与法式服务的服务方式不同，其餐厅布置与餐具选择要求也都不同。

（5）餐厅的档次和规格

餐厅的档次和规格由多种因素决定，但经营者心目中必定有自己的市场定位，例如，从消费水平角度看，是选择吸引一般消费水平的顾客，还是高消费水平的顾客。餐厅的档次和规格确定之后，有利于投资决策，也从某种程度上决定了餐厅的布置与安排。

（6）餐厅所处的位置

不同类型的餐饮场所对位置的要求是不一样的，其内部布置与安排也不相同。

以上影响餐厅布置的因素中，餐厅的目标顾客、餐饮企业的资金能力、营业场所的建筑结构三项因素最为重要。餐厅经营人员应根据具体情况，分清主次，做好餐厅布置工作。

2. 餐厅设计与布局

餐厅设计的目的是使餐厅的产品易于销售，促使餐厅生意成功，迎合具有餐饮消费习惯的顾客乐意到设计良好、装潢有特点的餐厅消费的心理需求。

（1）理想的餐厅设计与布局的作用

1）吸引力强：能吸引并招徕顾客到餐厅用餐。

2）风格独特：能给就餐顾客留下深刻的印象。

3）特色鲜明：能体现餐厅经营产品的特色。

（2）餐厅设计与布局应着重考虑的内容

1）根据各类餐厅的规格、功能特点及其具体位置，运用各种对立统一的处理手段，对餐厅进行空间布局。

2）利用现代科学技术，使室内温度、湿度、光线、色彩、空间比例适合实际需要，使人感到优雅舒适。

3）充分利用室外景观及各种家具设备，进行恰到好处的组合处理。

（3）餐厅营业空间的划分

1）顾客空间。这一空间内有顾客通道、餐桌、餐椅等。

2）餐厅工作人员空间。这一空间内有服务台、办公室、服务人员休息室等。

3）公用空间。这一空间有洗手间、衣帽间、贵宾室等。

应把这些具有不同功能的空间以科学的手法进行充分组合，要充分考虑顾客的安全与便利、营业各环节的实用效果等因素。

对餐厅空间的处理应分清主次，突出主题。首先，在处理人与物的关系时，应扬人抑物，即一切装饰布置都是为顾客餐饮活动服务的，装饰布局、灯光色彩的运用应围绕顾客进餐这一主题。其次，在处理人与人及物与物的关系时，要注意抑次而扬主。例如，大型宴会的布置要突出主桌，主桌要突出主人、主宾席位。

（4）餐桌、餐椅的配置和安排

餐桌、餐椅的配置与安排应根据餐厅的档次、面积及经营性质确定，考虑适用、协调、统一的原则。

1）按餐桌、餐椅的结构分有立式、柜台式、卡式等。

2）按餐桌、餐椅的功能分有茶座用、零点就餐用、宴会用等。

3）按餐桌、餐椅的布置形式分有集中式、分散式、纵式、横式、纵横交错式等。

4）按餐桌、餐椅的餐别分有中餐和西餐等。

5）按餐桌、餐椅的规格分有一人式、二人式、三人式、四人式等。

（5）餐厅动线的安排

餐厅动线是指顾客和服务人员在餐厅内的流动方向和路线。

1）顾客动线。顾客动线应以从大门到座位之间的通道畅通无阻为基本要求。一般而言，餐厅中顾客的动线采用直线形，避免迂回绕道，任何不必要的迂回曲折都会显得人流混乱，影响或干扰顾客的进餐情绪和食欲。餐厅中顾客的流通通道要尽可能宽敞，动线以一个基点为准。

2）服务人员动线。餐厅中服务人员的动线长度对工作效率有直接影响，原则上越短越好。安排服务人员动线应注意，一个方向的动线不要太集中，尽可能除去不必要的曲折。可以考虑设置一个“区域服务台”，既可存放餐具，又可缩短服务人员的动线。

3. 餐厅环境色彩设计

餐厅环境色彩设计必须考虑色彩与顾客食欲的关系。心理学研究发现，黄色灯光下的食物菜品会显得十分鲜嫩可爱，容易使顾客食欲大增，但同样的食物在蓝色灯光下却呈现出腐败变质的样子，令人生厌。一般来说，暖色调容易引起食欲，冷色调则会使人食欲减退。

（1）豪华餐厅宜使用较暖或明亮的颜色，如暗红色或橙色，地毯使用红色，可增加富丽堂皇的感觉。

（2）中餐厅一般宜用暖色，以红黄色为主，辅以其他色彩，丰富其变化，创造温暖热情、欢乐喜庆的热烈气氛，迎合进餐者热烈兴奋的心理需求。

（3）西餐厅可采用咖啡色、褐色、赭红色等，色暖而较深沉，创造古朴稳重、宁静安逸的气氛。也可采用乳白、浅褐之类的色彩，使餐厅氛围明快且具有现代气息。

（4）快餐厅应以明快为基调，以乳白、浅黄等暖色调为宜，给人清新、舒适的感觉。

4. 餐厅照明设计

进行餐厅照明设计时首先要考虑光源形式，即选择自然光源、人工光源或自然与人工光源混合的形式。餐厅采用何种形式的光源受餐厅档次、风格、经营形式与建筑结构的制约。

（1）中餐厅多采用人工光源，以金色和红黄色光为主，而且大多使用暴露光源，使之产生轻度眩光，进一步增加热闹的气氛。灯具以采用有民族特色的造型为宜，一般佐以吊灯、宫灯配合使用，与餐厅的风格相吻合。

（2）西餐厅的传统特点是静谧安逸、幽静雅致。为了适应西方人进餐时要求环境相对独立的心理要求，西餐厅的照明应适当偏暗、柔和，同时应使餐桌照度稍强于餐厅本身的照度，以使餐厅空间在视觉上变小而产生亲密感。

第二节　餐厅组织结构与管理

餐厅要想经营好，其组织结构和岗位的人员设置就必须做到科学合理，同时还应强化日常管理，做好与各个部门（特别是厨房）的协调工作。

一、餐厅组织结构的设置

科学设置餐厅组织结构是实现餐饮目标的重要保障。合理的餐厅组织结构可以使餐厅各方面工作能在合理分工和科学协作的基础上构成一个严密的整体，从而取得良好的经营成效。餐厅组织结构一般如图 5–1 所示。

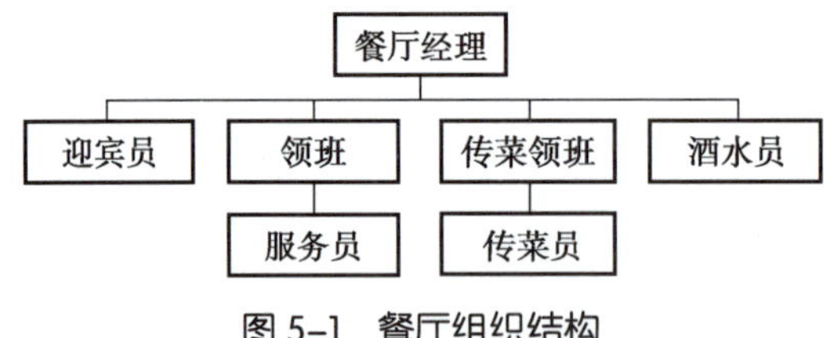

图 5–1　餐厅组织结构

建立餐厅组织结构的原则：

1. 根据餐厅的经营需要设置，力求精简。

2. 科学设置，避免机构臃肿。

3. 机构设置要有利于发挥各级各类人才的主观能动性。

4. 组织中的各级机构要职权相当，职责分明。

5. 机构的设置要有利于信息的传递和管理效率的提高。

二、餐厅各岗位的主要职责

1. 餐厅经理

（1）组织结构关系

直属领导——餐饮部副经理或经理助理。

管辖——指定范围内的领班和服务员。

联系——厨师长、管事部和企业内其他部门。

（2）主要职责

1）管理餐厅内的设施，监督及管理餐厅内的日常工作及活动。

2）安排员工班次，核准考勤表。

3）对员工进行定期培训，确保餐厅的政策及标准得以贯彻执行。

4）经常检查餐厅内的清洁卫生、员工个人卫生、服务台卫生，确保顾客的饮食安全。

5）与顾客保持良好关系，协助营业推广，征询及反映顾客的意见和要求，提高服务质量。

6）与厨师长联系有关餐单准备事宜。

7）监督每次盘点及物品的保管。

8）主持召开餐前会议，传达上级指示，做餐前的最后检查，并在餐后做出总结。

9）直接参与现场指挥工作，协助所属员工服务和提出改善意见。

10）处理有关行政文件，签署领货单及申请计划。

11）督促及提醒员工遵守企业的规章制度。

12）组织下属推销产品。

13）做好成本控制，严堵偷吃、浪费、作弊等漏洞。

14）填写工作记录，反映餐厅的营业情况、服务情况、顾客投诉或建议等。

15）负责餐厅的服务管理，保证每个服务员按照餐厅规定的服务程序、标准为顾客提供高标准的服务。

16）经常检查餐厅常用货物准备是否充足，确保餐厅正常运营。

17）每日了解当日供应品种、缺货品种等，并在餐前会议上通知所有服务员。

18）及时检查餐厅设备的状况，做好维护保养、餐厅安全和防火工作。

2. 领班

（1）组织结构关系

直属领导——餐厅经理。

管辖——服务员及实习生。

（2）主要职责

1）接受餐厅经理指派的工作，全权负责本区域的服务工作。

2）协助餐厅经理拟订本餐厅的服务标准、工作程序。

3）负责记录本班组员工的出勤情况。

4）根据客情安排好员工的工作班次，并视工作情况及时进行人员调整。

5）督促每一名服务员并以身作则，热情、客观地向顾客介绍产品。

6）指导和监督服务员按要求与规范工作。

7）接受顾客订单、结账。

8）带领服务员做好班前准备工作与班后收尾工作。

9）处理顾客投诉及突发事件。

10）经常检查餐厅设施是否完好，及时向有关部门汇报家具及营业设备的损坏情况，向餐厅经理报告维修情况。

11）保证出品准时、无误。

12）营业结束后，带领服务员打扫餐厅卫生，关好电灯、电力设备开关，锁好门窗、货柜。

13）配合餐厅经理对下属员工进行业务培训，不断提高员工的专业知识和服务技能。

14）与厨房员工及管事部员工保持良好关系。

15）当直属餐厅经理不在时，代行其职。

16）核查账单，保证在交顾客签字、付账前完全正确。

17）负责重要顾客的引座及送客致谢。

18）完成餐厅经理临时交办的事项。

3. 迎宾员

（1）组织结构关系

直属领导——餐厅经理。

联系——区域领班或服务员。

（2）主要职责

1）在餐厅入口处礼貌地问候顾客，引领顾客到适当的餐桌，协助拉椅让座。

2）递上菜单，并通知区域值台员提供服务。

3）熟悉本餐厅内所有餐桌的位置及容量，确保正确地进行相应的引领工作。

4）将顾客平均引导至不同的服务区域，以平衡各值台服务员的工作量，同时保证服务质量。

5）在营业高峰餐厅满座时妥善安排候餐顾客。如果顾客愿意等候，则请顾客在门口休息区域就座，并告知大致的等候时间。

6）记录就餐顾客的人数及其所提意见或投诉，并及时向上级汇报。

7）接受或婉言拒绝顾客的预订。

8）协助顾客存放衣帽、雨具等物品。

9）积极参加各项培训，不断提高综合素质和业务能力。

4. 服务员

（1）组织结构关系

直属领导——餐厅经理、领班。

管辖——实习生。

联系——厨房员工、管事部员工。

（2）主要职责

1）负责擦净餐具、服务用具，搞好餐厅的清洁卫生。

2）到仓库领货，负责餐厅各种部件的点数、送洗和记录工作。

3）负责补充工作台，并在开餐过程中随时保持其整洁。

4）按本餐厅的要求摆放餐具，并做好开餐前的一切准备工作。

5）熟悉本餐厅供应的所有菜点、酒水，并做好推销工作。

6）接受顾客点菜，并保证顾客及时、准确无误地得到出品。

7）按本餐厅的标准为顾客提供良好服务。

8）做好结账收款工作。

9）在开餐过程中关注顾客的需求，在顾客需要时能迅速做出反应。

10）负责顾客就餐完毕后的翻台或为下一餐摆台，做好餐厅的营业收尾工作。

11）积极参加培训，不断提高服务水平和服务质量。

12）按照服务程序、标准指导实习生的日常工作。

5. 传菜员

（1）组织结构关系

直属领导——厨房主管、餐厅主管或备餐间领班。

联系——厨房员工、餐厅服务员。

（2）主要职责

1）在开餐前负责准备好调料、配料和传菜夹、画单笔等，主动配合厨师做好出菜前的所有准备工作。

2）负责小毛巾的洗涤、消毒工作或去洗衣房领取干净的小毛巾。

3）负责传菜间和规定地段的清洁卫生工作。

4）负责将点菜单上的所有菜点按上菜次序准确无误地传送到点菜顾客的值台员处。

5）协助值台员将用过的餐具撤回洗碗间，并分类摆放。

6）妥善保管点菜单，以备查核。

7）积极参加培训，不断提高服务水平和服务质量。

三、餐厅管理

餐厅管理是指根据不同餐厅的经营特点，执行既定的计划，组织并运用各种人、财、物等资源，做好菜单筹划、销售服务，以及财务、成本控制和卫生、培训等各方面工作，提高餐厅经济收入。

1. 餐厅管理的内容

（1）确定标准

餐厅经营人员首先需要确定衡量经营实绩的各种标准。

1）质量标准：包括原料、产品和工作质量标准。从某种意义上讲，确定质量标准是评定等级的过程。

2）数量标准：指重量、数量等计量标准，如每份菜品的分量、每杯饮料的容量等。

3）成本标准：通常称为标准成本。

4）程序标准：指日常工作中生产某种产品或从事某项工作应采用的方法、步骤和技巧。

5）物资损耗标准：指对各种餐具、容器和棉织品等规定一个最高损耗率，加强日常监督与考核。

（2）建立销售史资料

销售史资料是记录菜单上各种菜品出售数量的书面资料。餐厅经营人员应反复向服务员强调顾客账单上的字迹必须工整，以便在销售史资料上正确记录有关信息。销售史资料编排的方法包括：

1）按经营期编排。如以一周为一个经营期，在同一页和一张档案卡上填写每天的销售量。

2）按工作日编排。如可对若干个星期的星期一的销售量进行比较，判断销售的方向。

3）按主菜菜品编排。可根据某一菜品在连续一段时间内的销售量，判断这种菜品销售是否对路。

销售史资料上还应该记录会对销售量产生影响的其他信息，如天气情况、特殊时间等。

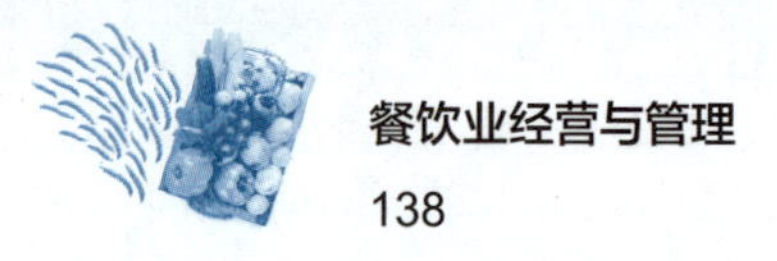

2. 中餐厅管理

餐饮部经理要指导餐厅经理加强对中餐厅的管理，促使相关人员能明确中餐厅的管理特点，其中包括餐厅人力、物力、财力资源及产品的供应、生产、销售，确立符合客观需求的管理思想、管理方法和具体措施，并应督促中餐厅经理有计划、有重点、有步骤地做好以下各项具体工作。

（1）制订餐厅的工作计划

制订年度、季度以至每个月、每周的工作计划，通过计划对餐厅进行科学管理。

（2）加强餐厅内的人力资源管理

根据员工的特点对员工进行工作配置：对新员工实施岗前培训和考核，对工作出色的员工委以重任，要求员工执行规章制度，运用激励手段，鼓励员工加强人际沟通，培养员工的团队精神。

（3）制定规范的岗位职责

制定餐厅人员各自的岗位职责并加以明确，加强督导。

（4）制定完善的操作程序。

1）迎接顾客入座。当顾客进入餐厅时，由领台服务员在餐厅入口处热情迎接，安排顾客入座。这种服务规格能使顾客对餐厅产生良好印象。迎客时要礼貌问候“请问有几位用餐？”“您是否预订？”等。

2）送上菜单，接受点菜。顾客入座后，值台服务员应从主客左边递上菜单，并自然地站在顾客左后侧，记录顾客所点菜品。在接受顾客点菜时，服务员要针对不同对象进行菜品和饮料的推荐，并注意推荐介绍的语言能使顾客满意。

3）掌握上菜时机。安排好上菜时间，为顾客提供恰当的服务，要掌握顾客进餐速度和厨房烹调速度。

4）按规格和程序上菜与派菜。中餐厅的上菜程序是冷盘、热炒、汤、主食或点心。

5）对特殊顾客进行特殊服务。对幼儿要注意照顾，对残疾人或年老体弱的顾客要主动扶持照顾。

6）餐厅结账，热情送客。服务员按顾客示意，到收银处拿账单交给顾客。在收取钱款时应用礼貌用语，在将余款交送顾客后应说“谢谢”。顾客离座时，服务员应立即拉椅，方便顾客行走，并致谢意，表示欢迎下次光临。

3. 西餐厅管理

餐厅经理应从国内西餐厅经营现状出发，采取积极措施，对西餐厅加强管理。

（1）对西餐厅经理开展强化培训，使之了解国外西餐经营管理现状和发展趋势，督促其接受国外西餐厅的管理理念，学习先进的管理经验，还要不断提高外语水平。

（2）提高西餐厅的菜品品质和服务质量，提供正宗西餐，能适应顾客的口味和心理，能满足贵宾的消费需要，能保持高层次消费的客源。

（3）分析市场的特点，调查顾客的需求，开拓和扩大西餐厅客源，增加或更新菜品的品种和服务形式，争取进一步提高西餐厅的营业额。

（4）西餐厅经理要根据美式服务、法式服务和俄式服务的不同特点，对西餐厅全体员工进行培训和考核，扎扎实实地提高服务员的服务水准，并应注意添置西餐厅经营所需的保温设备和专用餐车等物品。

第三节　餐厅服务质量管理

餐厅服务质量是餐饮业的核心，餐厅服务人员每天与顾客面对面接触，其服务态度、业务水平、操作技能等都直接受到顾客的检验。服务人员的一颦一笑、只言片语都有可能给顾客留下深刻的印象。所以，抓好餐厅服务质量工作是餐饮企业的中心工作。

一、餐厅服务质量基础知识

1. 餐厅服务质量与企业效益

（1）服务质量影响产品销售量

餐饮企业经营的直接目的是取得最大的经济效益。顾客需求的满足程度是随服务质量优劣而上下波动的。服务质量优异，顾客需求的满足程度就会提高，餐饮企业的产品和品牌对顾客就有吸引力，顾客回头率会随之提高，企业的产品销售量也会随之增加，其市场占有率必然上升。由于顾客处在一定的社会群体中，一位顾客对餐饮产品和服务的评价会影响到周围的人。因此，一个提供优质服务的餐饮企业会因顾客的宣传而使客源增多、销售量增大，企业利润也会随之增加，反之则生意清淡，利润下降。

（2）优质服务有利于降低消耗

一般来说，凡能创造优质产品的员工，不但技术水平高，而且责任心强，对工作一丝不苟，精益求精，既能创造优质产品，又能创造较高的劳动生产率，促进企业降低成本，创造更高的经济效益。

（3）服务质量影响餐饮产品的价格

产品的价格是以产品的价值为基础的，价值是一种经济关系。在供求状况已定，各餐饮企业现代化设备投入使用、原材料加工手段及用餐设施越来越接近的情况下，餐饮产品的质量和餐厅服务质量便成为产品销售价格的决定因素。优质优价是餐饮企业制定价格的基本原则，企业的经济效益也因之高低有别。

（4）服务质量影响企业形象

优质服务能提高顾客满意度，企业的信誉也会随之不断上升。相反，服务质量差，顾客不满意，企业信誉将随之不断下降。在市场经济条件下，企业的形象是企业的无形资产，企业信誉越好，形象越好，其市场价值也越高。因此，优质服务是提高企业形象、树立企业品牌的基础。

（5）服务质量具有一定的社会效益

对顾客来说，餐饮服务质量关系着人们的健康与安全。如果餐厅食品不卫生，服务员服务态度差，不仅影响企业经营，而且会对行业和社会产品产生负面影响。相反，一家餐饮企业服务质量优异，不仅使顾客的物质、精神需求得到满足，使企业利润不断增加，而且能带动同行业创服务新风，促进全行业服务水平的整体提高。

2. 餐厅服务质量的三要素

餐厅服务质量包括物质要素、精神要素和时效要素三种。

（1）物质要素

餐饮产品的物质内容是影响服务质量的第一要素。首先，食品如菜品、面点、饮料等的质量是满足顾客需要的主要物质要素，它们的品质——色、香、味、数量和营养等是否符合顾客的需要，是餐厅服务质量的决定因素。其次，餐饮企业为顾客提供的设施设备、餐具以及用餐环境能否使顾客满意，也直接影响服务质量。所以，餐厅服务质量管理要重视产品的物质内容。

（2）精神要素

餐饮产品的物质内容在一定程度上影响着顾客的心理，如光顾高级餐厅的顾客会得到一种显示高贵地位的心理满足。但在市场经济条件下，人们更重视在人际交往中是否受到尊重与礼遇。在餐饮经营过程中，由于生产者与顾客同处于一个生产过程，他们能否愉快、和谐地交往非常重要。服务员能否与顾客保持良好的交往关系，取决于服务员的服务态度、礼节礼貌、服务技能、沟通交流能力。在餐饮服务过程中，服务程序也是影响服务质量的因素，服务程序不合适，同样会引起顾客的不满。

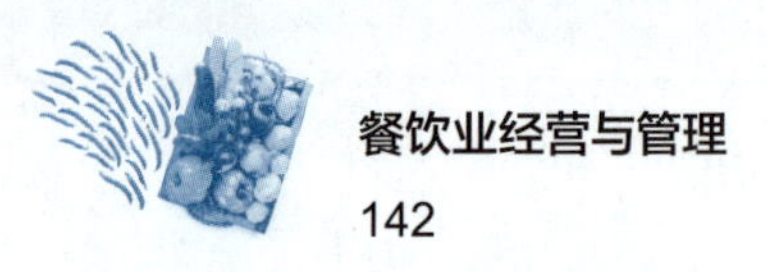

（3）时效要素

高质量的餐厅服务要求服务员准确、迅速、有效地为顾客提供服务。首先，保证餐饮产品享用的有效时间。餐饮产品的特征是要求提供即时服务，时间过长、热菜变凉、凉菜变温都会影响服务质量。其次，无形服务产品也有使用的有效时间。顾客应在规定时间内得到有效服务。顾客购买服务、消费服务都有一定的时间要求。随着市场经济的完善，人们面临的是社会化的大生产，往往要求高效率、快节奏，时间观念也大大增强。因此，顾客在寻找、等候、享用、结账等方面耗费的时间应越短越好。例如，一些中餐厅规定顾客等候时间不超过 15 分钟等。

构成服务质量的物质、精神、时效三要素是彼此联系、互为条件的。服务产品的物质内容不佳，其他方面做得再好也不能令顾客满意。相反，如果高档餐厅的物质内容一流，但“店大欺客”，服务员态度差，服务等候时间长，也难以有好的服务质量。因此，服务质量的三要素不能顾此失彼，要三者兼顾，才能创造出优质服务。

二、餐厅服务质量管理途径

餐饮企业员工都应在符合消费需要的前提下，创造自己的优质服务。质量不仅由管理决定，还取决于顾客的需要和期望。也就是说，质量不仅是对服务产品的客观衡量，而且还是顾客对服务产品和服务过程的主观感受。餐饮服务质量管理需要从了解需求、质量设计、指导消费三个阶段来完成。

1. 了解需求

需求主要受顾客购买力水平的制约。顾客对服务的购买力水平可分高、中、低三个层次，服务质量也有高、中、低之别，价格也有高低之分，即优质优价，低质低价。另外，不同的顾客有不同的要求。因此，餐饮企业必须对顾客的质量需求做出分析：一方面要区分合理与不合理的需求，创造条件，满足合理需求；另一方面要区分一般需求和特殊需求，以便分别满足顾客。总之，了解顾客的需求，是使顾客对服务质量满意的基础。

2. 质量设计

对服务质量的设计分两部分，即规范化设计和个性化设计。规范化设计是基本的、主要的服务质量设计。它由餐饮企业根据顾客的一般需求（即多数人的共同需求）进行设计，提出具体的服务质量标准，员工按照企业或所属部门制定的服务质量标准对顾客提供服务。

在规范化服务中，除制定员工的行为规范外，还需提出相应的数量指标要求，以便从数量方面反映服务质量，如人均接待客次、座位利用率、人均劳动生产率、上座率、原材料损耗率、顾客投诉表扬次数等。规范化服务既可以满足多数顾客对服务质量的共同要求，又是对员工主要服务工作的具体规定，应当说后者的意义更重要。至于个性化服务，它是为满足顾客的特殊需求而提供的服务活动，一般由员工临时根据顾客的要求进行特殊设计。个性化服务越好，服务质量就越高。总之，服务活动要一般和特殊相结合，规范化服务和个性化服务相结合，才能使质量达到较高的水平。服务质量标准应该是公开的，企业、员工和顾客对服务质量标准都应有所了解，顾客方能知道自己的需求将如何得到满足，企业和员工才能明白怎样满足顾客的需求。两者相结合，既是压力，又是动力，从而促进餐饮企业服务水平不断提高。

3. 指导消费

顾客的需求在员工提供服务的过程中才能得到满足。质量是在买者和卖者的交易过程中创造的，顾客接触员工，感受服务，需要在员工指导下，更好地得到服务。餐饮企业员工应当在提供服务中给顾客以指导，使顾客的需求能够获得最大程度的满足。因此，餐饮企业全体员工都对提高服务质量承担着重要的责任。如果某个员工在直接或间接与顾客接触过程中没有做好工作，就会影响整体服务质量。

三、餐厅服务质量管理控制因素

1. 人力资源的控制

餐饮企业应根据自己的特点，灵活安排人员班次，保证服务区有足够的人员。在开餐前，必须对员工的仪容仪表做一次检查。开餐前数分钟，所有员工必须进入指定的岗位，姿势端正地站在最有利于服务的位置上。在服务期间，如果某区域人员过于集中，应合理调配。

2. 物质资源的控制

开餐前，必须按规格摆好餐台，准备好餐车、托盘、菜单、点菜单、订单、开瓶工具及工作台小物件等。另外，还必须备足相当数量的餐台用品，如桌布、口布、餐巾纸、刀叉、调料、牙签等。

3. 卫生质量的预先控制

开餐前半小时，从墙、天花板、灯具、通风口、地毯到餐具、转台、台布、餐椅等对餐厅卫生做最后一遍检查，一旦发现不符合要求处，要迅速安排处理。

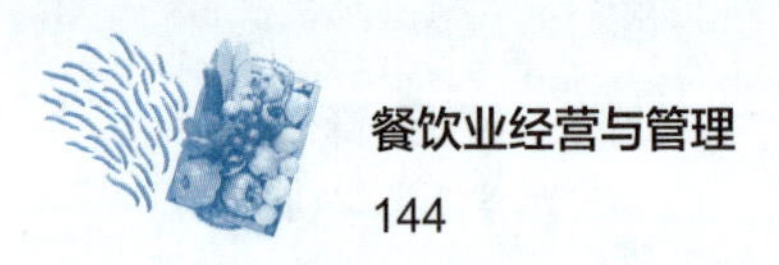

4. 餐厅服务质量的现场控制

所谓现场控制是指监督正在进行的餐厅服务，保证其规范化、程序化，并迅速妥善地处理意外事件。现场控制的主要内容是：

（1）服务程序控制

开餐期间，餐厅领班应始终站在第一线，通过亲身观察、判断、监督，指挥服务人员按标准服务程序服务，发现偏差，及时纠正。

（2）上菜时机控制

要根据顾客用餐速度、菜品烹制时间等控制上菜时间，既不要让顾客等候太久，也不应将所有菜品一下上齐。餐厅领班应时常注意并提醒上菜时间，大型宴会的上菜时间应由餐厅领班控制。

（3）意外事件控制

餐饮服务是面对面的直接服务，一旦引起顾客投诉，餐厅领班一定要迅速采取弥补措施，防止事态扩大，影响其他顾客的用餐情绪。

四、餐厅服务过程管理

到餐厅就餐的顾客除了进行餐饮消费外，还要从体验餐厅的环境、气氛中得到生理上和心理上不同程度的满足。

从管理的角度来看，构筑服务过程有三个要素：服务的易获性、顾客参与程度、服务组织间的相互作用。服务过程的这三个要素都与顾客利益息息相关，这种利益就是顾客当初在选择消费市场时所追求的目标。对服务过程的管理也是服务质量控制的主要内容。

1. 服务的易获性

顾客对餐饮质量的满意程度有时候不一定是由食品本身的质量所决定，而是由影响顾客获取服务的“外部”环境所决定。

（1）地点的易获性，主要是指餐厅靠近主要街道的程度和进出的方便程度，如为方便顾客而设置的停车场的车位数量、接待能力的大小、餐厅招牌的醒目程度等。

（2）对物质资源使用的易获性。

（3）对服务人员服务的易获性，如服务人员容易接近的程度、服务人员的数量、服务人员的技能、服务人员的职业道德等。

2. 顾客参与程度

“顾客参与”是一个被广泛使用的概念。注重顾客参与可以使顾客更深刻地理解和感受他所得到的服务，以此促进餐饮企业生产率和服务产品质量的提高。

餐饮企业员工需用一定时间让顾客了解其参与活动的内容，设法提高顾客参与活动的技能和技巧。如果顾客对餐饮企业的产品和服务非常了解并产生兴趣，在参与服务生产过程时就会更加主动，从而对服务质量更加满意。

3. 服务组织间的相互作用

高质量的服务有赖于买卖者之间融洽的关系。一般来说，餐饮企业越是关注与顾客的关系，产品质量就会越好。

（1）服务人员和顾客间联系沟通的相互作用，这种相互作用取决于服务人员的行为、语言和所做的事，以及说话和做事的方式等。

（2）组织的各种物质和技术资源间的相互作用，如自动售货机、接待室设备以及在服务生产过程中所需的工具和仪器等。

（3）系统间的相互作用，如等待系统、就座系统、付款系统、送货系统、维修系统、预约系统、纠纷处理系统等。

（4）与服务质量有关的顾客间的相互作用。增进顾客满意度会对餐饮企业产生积极的外部影响，现有顾客和慕名而来的新顾客会使餐饮企业业务量增加，经济效益随之提高。

思考与练习

1. 简述餐厅环境布置应包括哪些方面的内容。
2. 餐厅各岗位的组织结构关系和主要职责是什么?
3. 餐厅服务质量管理途径是什么?
4. 餐厅服务质量管理的控制因素有哪些?
5. 调查一家中餐厅或者西餐厅，针对其管理体制写一份有关餐厅管理的调查报告。

第六章 菜单设计与制作

学习目标

1. 了解菜单设计制作的基本要求。
2. 掌握常见菜单设计制作的方法。

菜单在现代餐饮管理中起着关键性的作用，是餐饮企业与顾客之间沟通的桥梁与纽带。菜单既是厨房生产的前提，又是烹饪技艺的展示，是技术、艺术和餐饮企业实力完美结合的产物。设计制作一份既满足餐饮管理需要又满足顾客需要的菜单，必须考虑到市场、环境、档次、定位等因素。

第一节　菜单设计制作的基本要求

制作一份理想的菜单，不但要有好的内容，还要注重对菜单的用纸、文字、印刷、规格、色彩与图案选择、装帧方法等形式方面的要求。

一、菜单内容要求

1. 名称和价格

菜品的名称和价格会直接影响顾客的选择，顾客往往会根据菜品名称和价格挑选未曾尝试过的菜。餐饮企业提供的菜品要想满足顾客的期望，菜品名称和价格就必须科学、合理。

(1) 菜品名称应该真实，不能太离奇。

(2) 菜单上的价格应该真实，如果餐厅加收服务费，则必须在菜单上注明，如果有价格调整，要立即更换菜单而不能在原菜单上涂改，否则会使顾客产生被欺骗的感觉。

(3) 有些餐饮企业认为能制作的菜品应该全部列在菜单上，多给顾客选择的余地，但经常出现许多产品由于原料供给不足，顾客点菜时菜品无法供应的情况，使菜单显得不可靠、不严肃。

2. 菜品介绍

菜单有时要对一些菜品进行简要的介绍，这种介绍可代替服务人员临时的口头介绍，减少顾客点菜的时间，提高工作效率。菜品介绍包括以下内容：

（1）主料、配料以及一些独特的调料，要注明规格、用量。

（2）菜品独特的烹调和服务方法。

高价菜、招牌菜，以及一些特殊名称的菜通常是介绍的重点。

3. 企业信息

大型餐饮企业的菜单上应介绍餐饮企业的历史背景、特点、连锁机构、发展现状等内容，或者在显眼位置印制餐饮企业微信公众号、App 等二维码信息。菜单是餐饮企业推销自己的最好途径之一。

4. 特色菜推销

（1）扬名的菜品

一家餐饮企业总要有意识地设计几种菜品使其出名，这些菜品应有特色而且价格不能过高。这些有名的菜品在菜单上应得到特殊处理和重点推销。

（2）特殊的菜品

特殊的菜品是指一种利润较高的菜品，这种菜品可以是某种常销菜品，也可以是时令菜。时令菜容易吸引顾客，也能获取高利润。

（3）特殊套餐

推出一些特殊套餐能提高销售额，增强推销效果。

（4）每日时令菜

有的菜单上会留出空间，用于推荐每日的特色菜和时令菜，增加菜单的新鲜感。

（5）特色烹调菜

有些餐饮企业以独特的烹调方法推销一些特殊菜，如主厨特色风味流派系列。特色菜的推销主要有两大作用：第一，可以对畅销菜、名牌菜进行宣传；第二，对高利润但不太畅销的菜做推销，可以使它们成为既畅销利润又高的菜品。

二、菜单封面要求

菜单封面是菜单的“门面”，是顾客最早接触的部分，其设计如何将影响菜单的效果。封面设计必须适合餐厅的经营风格，如果与餐厅经营风格不统一，顾客点菜时就会觉得不伦不类。一份设计精良、漂亮又实惠的菜单往往会成为餐饮企业的醒目标志，同时可以促进销售。

1. 封面的图案

菜单封面的图案要能展现餐厅的特色，给人最直接的联想，一看到菜单的封面就能知道餐厅的经营风格。如果餐厅经营的是乡土风味，那封面就应该具有乡土气息，如图 6–1 所示；如果餐厅经营的是古典风味，则菜单封面就要古色古香，充分显示出历史氛围，这样才能达到交相辉映的效果。

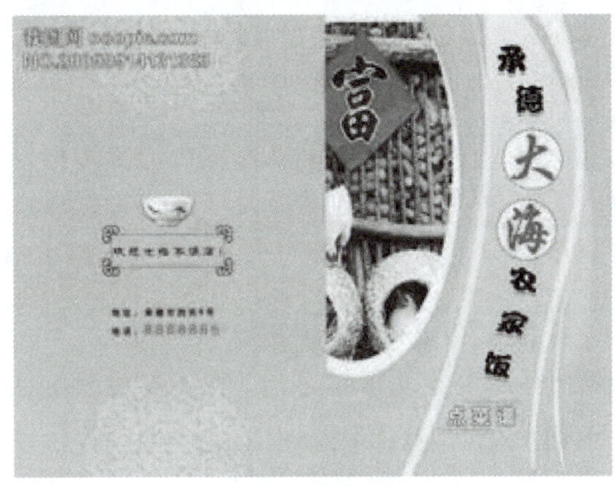

图 6–1　菜单封面的图案

2. 封面的色彩

菜单本身就是餐厅的一种装饰品、点缀物。菜单封面的色彩要与餐厅的环境相匹配，应与餐桌装饰、餐厅厅堂装饰、帷幔装饰的颜色等统一起来，显现出和谐美，色调应该柔和协调，让顾客感受到餐厅风格的整体性。

三、菜单材料要求

恰当的菜单材料不仅能很好地反映菜单的外观质量，同时也能给顾客留下较好的第一印象。因此，正确选择菜单的材料，不仅关系到菜单设计质量的优劣，而且关系到餐厅的档次和成本控制，要根据菜单的使用方式合理选择菜单材料。餐饮企业使用的菜单有一次性菜单和反复使用的菜单两种。

1. 一次性菜单

一次性菜单主要是快餐菜单、时令菜单、特选菜单及一般宴席菜单等。这类菜单

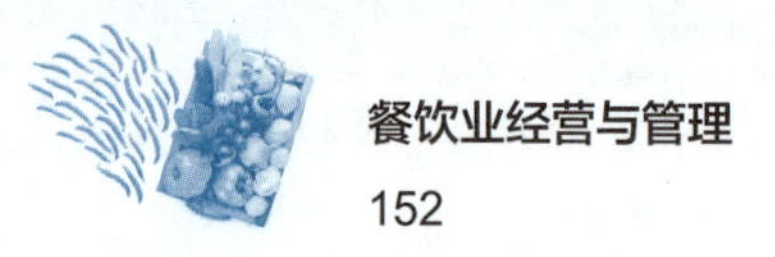

用过后，有的会被顾客带走作为纪念，有的则被现场处理掉。所以，一次性菜单可选择轻巧价廉的胶版纸等制作，如图 6-2 所示，但在制作时要高标准、高质量，不可粗制滥造。

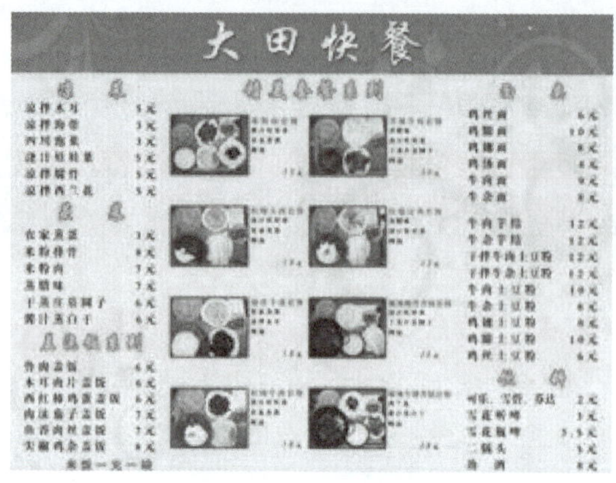

图 6-2　一次性菜单

2. 反复使用的菜单

反复使用的菜单一般多用于零点菜单等，如图 6-3 所示。这类菜单使用时间长，要经得起顾客多次翻阅传递，可选择高级铜版纸、特种纸等，使菜单不易卷曲，具有防水耐污、容易擦洗、防折、耐磨等特点。菜单的封面纸张要厚实，内页相对要薄，外壳可选用皮革，不宜选用塑料、人造革、绸绢等材料，因为这些材料易于折断、龟裂和沾染油渍。

图 6-3　反复使用的菜单

四、菜单文字要求

菜单是一种信息载体，主要靠文字向顾客传递信息。一份好的菜单，文字介绍应该做到描述详尽，一目了然，从而起到促销的作用。菜单文字的选择也十分重要，因为菜单字号的大小、字体的粗细、排字的行距与餐厅的风格、菜单的颜色等因素有密切的关系。所以，在设计菜单时应注意如下几点：

1. 字体样式

菜单的主标题和副标题应有所区别，可用不同字体表现出层次感。菜单的特殊部分可使用较粗的字体进行强调。楷书工整端庄，行书字体流利，易被顾客识别，一般多用于菜单的内页，起到宣传沟通的作用。另外，字体的选择要与餐厅的风格相一致，不同类型的菜单应选用不同的字体。

2. 字号大小

菜单的字号不宜太小，否则看起来会吃力，让人难以辨认，这将直接影响顾客的消费情绪。所以，菜单字体一定要够大且醒目、明确，要大小有致。一般来讲，栏目名称字号要大一些，正文字号则要小一些；中文的字号要大一些，英文的字号要略小一些。

3. 文字排列

菜单的文字不宜排列太多，太多会给人眼花缭乱的感觉。如果字数太少，又会给人菜品单一、选择余地小的感觉，而且也浪费纸张、增加成本。一般来讲，一页纸上的文字与空白应各占 50% 为佳。字体的行距要适当，使人读起来比较舒服。

4. 文字粗细和颜色

文字的粗细、颜色要与菜单的大小、颜色相协调。文字太粗会给人厚实沉重的感觉，但如果排得太密，则会显得黑、乱；文字太细、太淡，又使人不易辨认。所以，在设计文字的粗细和颜色时，要考虑菜单的大小和纸张的颜色。

五、菜单插图与色彩要求

为了增强菜单的艺术性和吸引力，餐厅往往会在封面和内页使用一些插图。使用插图图案时，一定要注意色彩必须与餐厅的整体环境相协调。

菜单中常见的插图主要有菜点图案、中国名胜古迹、餐厅外貌、本店名菜等。除此之外，几何图形、抽象图案也经常作为插图使用，但这些图案要与餐厅经营风格相适应。

为了增加菜单的营销功能，许多餐厅都会把特色菜品的实物照片印在菜单上，这样既美化菜单，又能加快顾客点菜的速度。在使用照片和图片时，一定要注意照片和图片的质量，否则可能达不到预期的效果。此外，菜单上的彩色照片最好与菜名、价格及文字介绍列在一起，这样促销效果才会更好。菜单中各种图案和照片的色彩要逼真美观，图案要深浅有度，排列要错落有致、富有艺术性，使顾客阅读后印象深刻，利于销售。

菜单的色彩运用也很重要，赏心悦目的色彩能使菜单更具有吸引力，使顾客争相翻阅，从而起到推销菜品的作用。菜单的颜色要讲求淡雅美观。在设计菜单封面、内页、封底时，颜色可深可浅，可选用浅红、浅褐、米黄、天蓝等色彩为基调，点缀性地运用鲜艳色彩，使人感到雅致而有档次，也便于文字印刷和辨认。菜单中利用不同的颜色可以更好地突出重点菜品，同时也能反映出一家餐厅的风格和情调。色彩能够对人的心理产生不同的影响，有不同的暗示意味，选择色彩一定要注意餐厅性质和顾客类型。

六、菜单信息要求

每份菜单都应该提供一些充分并且必要的信息，传达给顾客，使其明了。这些信息包括餐厅的名称、地址、电话号码、营业时间、服务费等项目。

1. 餐厅名称

通常将餐厅的名称置于菜单的封面，加深顾客对餐厅的印象，期待顾客再次莅临消费。

2. 餐厅地址

一般将餐厅的地址列在菜单的封底下方，并配地图让顾客了解餐厅的地理位置，有时还会将周边的相关建筑物一同标示出来。

3. 电话号码

餐厅的电话号码通常会和地址合并列出，便于顾客订餐联络，使更多的顾客来餐厅消费。菜单上还可以放置餐厅微信公众号二维码等信息，引导顾客扫码关注。

4. 营业时间

餐厅的营业时间常列在封面或封底，提醒顾客注意餐厅的供餐时间。

5. 服务费

如果餐厅加收服务费，要在菜单的内页上注明，如在菜单上注明“本餐厅加收10% 的服务费”等。

第二节　零点菜单的设计制作

零点菜单种类繁多、形式多样、用途不一，其设计与菜品风味、餐厅档次、原料供应、厨师技术水平、餐别等因素有很大的关系，很难面面俱到地进行介绍，下面按餐别介绍几种常见零点菜单的设计方法。

一、中式早餐零点菜单的设计制作

中式早餐一般由冷菜（小菜）类、粥类、点心类、面条或粉类、饮料类等组成。

1. 冷菜（小菜）类

冷菜（小菜）类一般安排 10 ~ 15 种为宜，要求清淡、爽口、开胃、易下饭，以蔬菜为主，如各种酱菜、自制腌菜、泡菜、酸菜、咸蛋、茶叶蛋、香肠等。

2. 粥类

粥类一般安排 3 ~ 5 种，如大米粥、小米粥、绿豆粥、八宝粥等。如果是广式早茶，粥的品种就更丰富，有皮蛋瘦肉粥、鸡粥、猪杂粥、鱼片粥、田鸡粥、猪腰粥等各式生滚粥等。

3. 点心类

点心类一般安排 8 ~ 10 种为宜，主要以蒸、煎烤、煮、炸的品种为主，通常有包子、馒头、花卷、饺子、油条、枣糕、蛋糕等。有些餐厅还提供一些乡土杂粮食品，如煮南瓜、烤山芋、煮玉米棒等，用来调剂顾客的口味。

4. 面条或粉类

面条或粉类一般安排3～5种，如小煮面、盖浇面、炒面、炸酱面、河粉、肠粉等。

5. 饮料类

饮料类主要包括各种茶、牛奶、豆浆、果汁等。

近年来，随着中外交流越来越多，许多餐厅为了满足各方顾客的早餐需求，零点早餐还提供一些热菜，如煎鸡蛋、炒牛柳、炒肉片等。

二、中式正餐零点菜单的设计制作

中式正餐零点菜单的类别多种多样，菜品十分丰富，其设计内容与菜品的风味、餐厅的装修风格、原料的供应等因素有很大的关系。菜单内容可按人们就餐的习惯顺序——先冷菜后热菜再汤菜、主食等进行设计，也可按原料的种类进行设计，先荤菜后蔬菜、先名贵后大众，如水产品类、畜肉类、禽蛋类、蔬菜类、瓜果类等。绝大多数餐厅为了方便顾客点菜，往往根据人们的消费习惯设计菜单，如冷菜类、海鲜类、河鲜类、畜肉类、禽蛋类、蔬菜类、汤羹类、主食点心类、甜品类、瓜果类和预订菜等。

1. 冷菜类

中餐的冷菜一般安排15～20种。冷菜在一组菜点中最先被推出，会较早受到顾客的评判，并会影响顾客对餐厅菜品的整体评价。因此，餐厅在冷菜的设计上一般都很讲究，要求冷菜荤素搭配合理，烹调方法多样化，口味、质地要有一定差异，菜品的色彩搭配要和谐。

2. 海鲜类

根据餐饮企业的档次不同，海鲜类一般安排8～20种，选用的原料有鲍鱼、鱼翅、干贝、海参、龙虾、三文鱼、北极贝、各种海虾鱼类等。如果是海鲜类特色餐厅，往往海鲜类菜的类别较多，有几十种甚至上百种。

3. 河鲜类

一般根据本地区水产品的丰富程度，安排10～20种河鲜类，主要选用本地区有代表性的各种鱼类、虾类、贝壳类等。但也有一些专门经营湖鲜、江鲜、河鲜的餐厅（例如，江苏一带湖泊众多，各种水产品非常丰富，该地区就有许多特色河鲜类餐厅），其河鲜类菜品多达数十种。

4. 畜肉类

一般根据顾客喜爱程度安排 10 ~ 15 种畜肉类，主要选用猪、牛、羊以及其不同部位制作菜品。

5. 禽蛋类

通常安排 5 ~ 10 种禽蛋类，主要选用鸡、鸭、鹅、鹌鹑、鸽子及禽蛋原料，采用新的烹调工艺，制作一些具有新意的菜品吸引顾客。

6. 蔬菜类

随着人们养生保健意识的增强，蔬菜受到了越来越多顾客的喜欢，因此，蔬菜类菜品可安排 10 ~ 15 种。选取有机蔬菜、野生蔬菜制作菜品已成为当今餐饮的时尚。

7. 汤羹类

汤羹类一般安排 10 种左右，有荤有素。荤汤讲究浓而不腻、原汁原味，素汤讲究清淡利口、色泽鲜艳。

8. 主食点心类

主食点心类一般安排 10 种左右。除传统的各种米饭外，主食点心通常为迎合顾客的喜好而不断变化，如荤汤菜泡饭、鸡汤面疙瘩、鱼汤小刀面、温州三鲜汤圆、蟹粉小笼包等。

9. 甜品类

甜品类一般安排 3 ~ 5 种，有甜汤、甜羹、冰激凌等品种。

10. 瓜果类

瓜果类一般由 3 ~ 5 种各色水果、瓜类组成单色果盘或多色拼盘。

11. 预订菜

名贵的菜品或加工复杂、烹调时间较长的菜品一般列在零点菜单的前面，供顾客提前预订，以便厨师精心制作。这类菜品一般品种不多，并且要严格控制点单数量以保证质量。

三、中式宵夜零点菜单的设计制作

宵夜菜单与正餐零点菜单有一定的差别，菜品多由冷菜、热菜、点心、粥品等组成。宵夜菜点每份菜品的分量不宜太大，价格也不宜太高，菜品以开胃、补水、易消

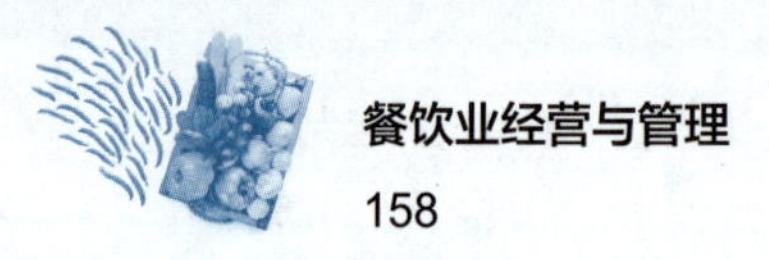

化、多营养为佳。

1. 冷菜

冷菜品种适当多安排一些，通常在 20 种左右，以开胃、爽口的蔬菜、各色泡菜为主，配制部分烧、腊、卤味类的荤菜。

2. 热菜

热菜菜品的品种不宜过多，一般控制在 15 ~ 20 种，以爆炒菜品为主，制作速度要快，另外还可配一些汤菜品种，易于消化吸收，有滋补功效。

3. 点心

点心一般以当地的各色风味小吃为主，要求品种多、小巧玲珑，每份点心的数量不宜太多，品种可安排 15 ~ 20 种。

4. 粥品

在夜生活中人体水分消耗较大，含水量多的粥品一般深受顾客的喜爱。宵夜的粥品很讲究，一般都是把多种原料放在一起熬制，使其营养成分互补，食用价值较高。粥品一般安排 5 ~ 8 种为好。

四、中式零点菜单实例

1. 酒店零点菜单

冷菜类：品名	分量	价格
葱油白切鸡	250 g	22 元
盐水鸭	250 g	16 元
咸蛋黄鸭卷	200 g	12 元
老醋海蜇头	200 g	18 元
苏式熏鱼	200 g	12 元
糟油鸭舌	150 g	18 元
糖醋仔排	200 g	16 元
小椒泡凤爪	200 g	12 元
卤香菇	150 g	8 元
朝鲜泡菜	200 g	8 元

	红枣芋头仔	200 g	10 元
	雪菜蚕豆瓣	200 g	8 元
	面酱黄瓜	150 g	8 元
	油焖笋	150 g	8 元
海鲜类：	品名	分量	价格
	鱼翅捞饭	净鱼翅 50 g	288 元
	虾子海参	水发海参 500 g	120 元
	茄汁大虾	100 g/ 只	58 元 / 只
	翅汤多宝鱼	500 g	218 元
河鲜类：	品名	分量	价格
	清炒凤尾虾	净虾仁 250 g	98 元
	淮安软兜	400 g	68 元
	生炒甲鱼	500 g	298 元
	松鼠鳜鱼	600 g	98 元
	脆皮鱼条	10 只	38 元
	红烧划水	600 g	58 元
	红烧鲳鱼	600 g	58 元
畜肉类：	品名	分量	价格
	丁香排骨	100 g/ 块	8 元 / 块
	杭椒牛柳牛柳	300 g	38 元
	清炖狮子头	150 g/ 只	12 元 / 只
	瓦罐红烧肉	500 g	38 元
	砂锅羊肉	净羊肉 600 g	68 元
	京酱肉丝	肉丝 400 g	36 元
	水煮腰花	净腰花 300 g	38 元
	红烧牛腩	400 g	48 元

禽蛋类：品名	分量	价格
蒜香乳鸽	400 g/ 只	38 元 / 只
宫保鸡丁	鸡肉 250 g	28 元
西芹烧鸭肉	鸭肉 250 g	28 元
红烧老鹅	500 g	38 元
香酥鹌鹑	100 g/ 只	8 元 / 只
爆炒鸡杂	350 g	28 元
红烧鸡肠	400 g	48 元
红烧鸡翅中	12 只	38 元

蔬菜类：品名	分量	价格
香菇菜心	400 g	16 元
蚝油生菜	400 g	16 元
白灼菜心	400 g	22 元
蒜泥空心菜	400 g	20 元
香干芦蒿	350 g	22 元
清炒菜薹	350 g	12 元
清炒菊叶	400 g	18 元
青椒土豆丝	350 g	12 元

汤羹类：品名	分量	价格
榨菜肉丝汤	例	12 元
酸辣汤	例	12 元
冬瓜仔排汤	例	26 元
鱼圆汤	例	28 元
西红柿蛋汤	例	12 元
野生菌汤	例	38 元
豆腐汤	例	18 元

品名	分量	价格
粟米羹	例	18 元
酸菜肚片汤	例	28 元
菠菜猪肝汤	例	22 元

主食 / 点心类：

品名	分量	价格
扬州炒饭	500 g	28 元
阳春面	250 g	18 元
鱼汤小刀面	100 g/ 碗	12 元 / 碗
三丁包子	4 只 / 客	12 元 / 客
三鲜水饺	8 只 / 客	12 元 / 客
素什锦包	4 只 / 客	8 元 / 客
牛肉锅贴	4 只 / 客	12 元 / 客
馄饨	10 只 / 碗	16 元 / 碗

2. 农庄零点菜单

冷菜类：

品名	分量	价格
农家咸鸡	250 g	22 元
鱼子鱼泡冻	250 g	18 元
农家咸鹅	250 g	26 元
酱牛肉	250 g	26 元
荠菜拌臭干	250 g	10 元
梅干菜花生米	200 g	10 元
糖醋萝卜	200 g	10 元
脆皮黄瓜	200 g	10 元
虾皮腌菜花	200 g	10 元
红油绿豆粉	200 g	8 元

热菜类：

品名	分量	价格
香芹炒笨鸡	500 g	48 元

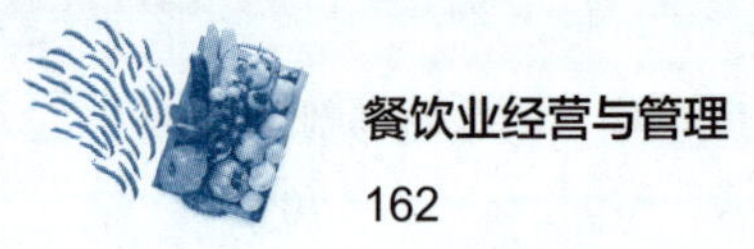

品名	分量	价格
老豆腐烧黑鱼	600 g	38 元
荤汤竹笋干	500 g	28 元
山芋粉块烧河鳗	600 g	38 元
红烧麻鸭	1 500 g	68 元
红烧老鹅	1 000 g	48 元
豆腐烧鳙鱼头	2 500 g	128 元
家乡红烧肉	500 g	32 元
牛腩粉丝	600 g	48 元
红烧野生甲鱼	1 000 g	598 元
青蒜炒羊头肉	500 g	38 元
煎烧豆腐	500 g	18 元
清炒马兰头	500 g	18 元
春笋烧兔肉	600 g	38 元
春笋白煮猪肚	500 g	58 元
红烧仔鸡	500 g	38 元
麻油拌茄子	400 g	16 元
荤汤煮百叶	300 g	12 元
油渣烧青菜苔	400 g	16 元
农家老鸡汤	1 200 g	98 元
麻鸭煲笋干	1 000 g	68 元
主食 / 点心类：品名	分量	价格
三鲜面疙瘩	500 g	18 元
农家手擀面	400 g	18 元
腌菜汤圆	4 只 / 客	10 元 / 客
荠菜水饺	10 只 / 客	18 元 / 客

第三节　套餐菜单的设计制作

套餐菜单又称定菜菜单，通常是指把顾客一餐饭所需的菜品、点心或饮料等组合在一起，以包价形式销售的菜单。套餐菜单是许多餐饮企业为了迎合顾客需求和增加餐饮收入而设计的。根据所接待的对象和人数不同，套餐菜单可分为普通套餐菜单和团体套餐菜单。

一、普通套餐菜单的设计制作

1. 早餐套餐菜单的设计方法

当前餐厅里使用的早餐套餐可分为三种：纯中式早餐套餐、西式早餐套餐和中西结合早餐套餐。无论是哪一种早餐套餐，通常都是由主食、副食、小菜、蔬菜和水果等组成。常用的主食有稀饭、面条、面包、馒头及各种风味小吃等，副食通常有鸡蛋、火腿、牛奶、豆浆等，小菜包括各种咸菜、冷菜等，蔬菜和水果可以根据季节适当搭配。在设计早餐套餐菜单时需注意以下问题：

（1）早餐套餐的品种要齐全，搭配要合理。

（2）各套餐中菜点的数量要适当，能提供人们上午工作所需的能量和营养。

（3）根据不同的人群准备多种菜单，以迎合顾客的不同需要。

（4）菜单中必须要有蔬菜和水果，提供人体所必需的各种维生素和膳食纤维。

西式早餐套餐菜单实例（美式早餐）　30 元 / 人

自调果汁
自选双蛋配腌肉、香肠或火腿
烤面包配黄油、果酱
新鲜咖啡、中国茶或热巧克力

纯中式早餐套餐菜单实例　25 元 / 人

开胃小菜
皮蛋瘦肉粥
馒头
煎鸡蛋
清炒时蔬
时令水果

2. 中餐正餐（午、晚）套餐菜单的设计方法

中餐正餐套餐菜单的内容包括冷菜、热炒荤菜、热炒素菜、汤、点心和水果等。各个菜点的数量要根据用餐的人数合理安排。以 5 ~ 6 人为例，一般来说，冷菜 3 ~ 4 道，热菜 5 ~ 7 道，再配 1 道汤、2 道点心、1 道蔬菜和简易水果拼盘。在设计中餐正餐套餐菜单时需注意以下问题：

（1）菜单中菜品的顺序要严格按照正常就餐的顺序进行编排。

（2）菜品应满足人们对菜品营养、口味、质感的不同追求。

（3）根据用餐者的就餐目的和要求选择合适的菜品。

（4）套餐菜单中应选择一些盈利比较大的菜品。

（5）菜品的选择要考虑本餐厅的厨师能力、厨房设备以及原料供应等因素。

中餐晚餐套餐菜单实例（供 2 ~ 3 人用餐）　188 元

冷菜	朝鲜泡菜　盐水鸭
热炒荤菜	虾蟹两鲜　蚝油牛柳
热炒素菜	栗子丝瓜　麻辣豆腐
汤	萝卜连锅汤
点心	金银馒头
水果	简易水果拼盘

3. 中餐节日套餐菜单的设计方法

节日套餐菜单的内容和正餐套餐菜单一样，仍是由冷菜、热炒荤菜、热炒素菜、汤、点心和水果组成。只是在安排菜品时要紧扣节日的主题。设计中餐节日套餐菜单时需注意以下问题：

（1）节日套餐菜单的设计要紧扣节日的主题。

（2）菜单上菜品的顺序要严格按照正常的就餐顺序进行编排。

（3）菜品的命名要有艺术性，要有庆祝、吉祥之意。

（4）要选择时令的原料制作菜品。

中餐春节年夜饭套餐菜单实例（供 5 ~ 6 人用餐） 888 元

潮式卤水拼（丹凤迎春）	山药烤鸭羹（压岁羹）
蒜茸开片虾（全家欢娱）	御膳一品煲（幸福团圆）
干烧鳜鱼（年年有余）	香菇菜心（玉树金钱）
野菌竹丝鸡（祝君平安）	点心水果盘（春色满园）

二、团体套餐菜单的设计制作

设计团体套餐菜单时，必须认真分析其特点，掌握其规律。团体套餐的种类很多，现仅介绍如下几种。

1. 会议套餐菜单的设计方法

会议套餐的菜点通常包括开胃小菜、热菜、汤、点心、水果等。开胃小菜一般可以安排诸如榨菜、泡菜以及一些常见的冷菜等；热菜一般安排一些可以下饭的菜品，如豆瓣青鱼、鱼香肉丝等，也可以安排一些地方特色菜品，如果在江苏开会，餐厅则可安排盐水鸭、松鼠鱼等江苏名菜；而对于汤、点心和水果的安排，应根据具体情况灵活掌握，如水果应视季节而定。设计会议套餐菜单时应注意以下问题：

（1）认真分析参加会议人员的来源、职业、结构等，了解他们的饮食喜好和禁忌。

（2）菜单中应安排一些口味较重、便于下饭的菜品。

（3）菜单中应安排一些大家比较喜爱的且经济实惠的菜品。如果就餐者中外地人较多，还应尽量安排一些本地地方名菜。

（4）菜单的内容要齐全，应含有冷菜、热菜、汤、点心和水果等。

（5）所安排的菜品要便于大批量生产，即多安排一些烧、蒸、炸的菜品，尽量少安排炒、煎的菜品。

（6）菜品的选择仍要考虑同行业竞争的因素，多选择一些具有竞争力的菜品。

以下是北京某餐饮企业接待国内某会议团队的一份套餐菜单实例，其标准为：80 元 / 人，800 元 / 桌，共 138 人。

北京某餐饮企业接待国内某会议团队套餐菜单

冷菜	四味冷碟
热菜	茶笋滑鱼丝、馄饨鸭、咕咾肉、宫保鸡丁、香菇菜心、麻辣豆腐、三鲜锅巴、清蒸河上鲜
汤	芦笋鸡片汤
主食	扬州炒饭
水果	水果拼盘

2. 旅游团队套餐菜单的设计方法

旅游团队套餐菜单的菜品安排一般以热菜为主，同时还应配备汤、主食等。在旅游团队套餐菜单中，以一桌 10 人为例，热菜通常安排 7 ~ 10 道，汤 1 道，主食多为米饭、面条或馒头之类。若团队有需求，还可以安排 1 ~ 2 道开胃小菜或水果。设计旅游团队套餐菜单时需注意以下问题：

（1）了解每批旅游团队成员的来源及组成，有针对性地设计菜单。

（2）热菜应安排一些富含蛋白质、脂肪、糖等营养素的食物，以补充团队成员因旅游而消耗的体能。

（3）菜单中应安排一些口味较重、便于下饭的菜品。

（4）菜单中应尽量安排一些具有当地地方特色的菜品或本企业的特色菜，满足游客的心理需求，同时可以宣传企业。

（5）由于游客的就餐非常讲究时效，因此菜品应选用事先可以做好准备的菜品，如蒸菜、炖菜或烧菜等。

以下是某旅游景点餐饮企业的一份旅游团队套餐菜单，其标准为：60 元 / 人，600 元 / 桌，共 50 人。

某旅游景点餐饮企业接待旅游团队套餐菜单

冷菜小吃	两味开胃小菜
热菜	翡翠白玉羹、无为酱鸭、香椿头煎蛋、黄山笋烧肉、茶笋炖小排、黄豆煲仔鸡、小煎毛豆腐、火腿高山蕨
汤	豆腐肉片猪肝汤
主食	米饭、金银小馒头
水果	水果拼盘

第四节　特种、特色菜单的设计制作

根据餐厅的经营种类、服务对象、销售形式及餐别等不同因素，本节将介绍快餐店、外卖餐厅、火锅店、自助餐厅等特种、特色菜单的设计制作。

一、快餐店菜单的设计制作

1. 指定式快餐菜单的设计方法

（1）指定式快餐菜单的内容

指定式快餐菜单主要根据顾客的档次和餐别进行设计，一般将各种冷菜、热菜、点心、主食、水果、汤等食品组合成一套，以每客的形式进行销售。指定式菜单分早餐快餐菜单和正餐快餐菜单。

1）早餐快餐菜单内容。在不同特色的快餐店中，早餐快餐菜单的内容有较大的差别，其品种通常由粥、面条、小吃、小菜、冷菜等组成，一般是组合出售。

2）正餐快餐菜单内容。正餐快餐菜单一般由冷菜、热菜、汤类、点心、主食、水果等组成，针对不同的消费群体分几个档次组合成套，每套快餐编有序号并详细列出组合菜品，一般张贴在收银台，便于顾客选择。

（2）指定式快餐菜单设计注意事项

1）科学组合。指定式快餐菜单要根据快餐店经营地区的饮食习俗安排菜品的品种，每份菜的色、香、味、形等几方面搭配要和谐，并做到味道可口、卫生，数量恰当，出品美观，营养丰富。

2）标准统一。同一品种的指定式快餐，其菜品的品种、口味、数量、色彩都要做到一致，保质保量，诚信经营。

3）严格核算成本。指定式快餐是由多个菜品组成的，而且每个菜品的数量较少，不利于核算成本，因此，要根据每个菜品在制作过程中实际发生的各种成本及分配的份数，核算出每份组合式快餐的成本，再根据企业规定的销售毛利率，确定每种快餐的售价。这样既保证企业能获取一定的利润，又能让顾客得到实惠。

2. 自选式快餐菜单的设计方法

（1）自选式快餐菜单的内容

自选式快餐菜单一般根据菜品种类或烹调方法等进行分类设计。

1）按菜品种类不同。自选式快餐菜单可按冷菜类、热菜类、点心类、粥品类、汤品类、甜品类、饮料类等进行产品排列。

2）按烹调方法不同。自选式快餐菜单可按炒菜类、煲仔类、煎炸类、烧煮类、炖焖类等进行产品排列。

3）按菜品种类与烹调方法不同，自选式快餐菜单可按冷菜类、爆炒类、煎炸类、面食类、粥品类、汤品类、饮料类等进行产品排列。

（2）自选式快餐菜单设计注意事项

1）菜品种类要适量。自选式快餐菜单中每一类菜品的种类要适量，如果设计的菜品品种过多过杂，快餐店就会像零点餐厅一样，体现不出快餐店的特色。

2）菜品价格要适中。人们到快餐店就餐，追求的是方便快捷和经济实惠，菜品的价格不宜过高，要让大多数顾客感觉到价格可接受，否则就失去了到快餐店就餐的意义。

3）菜品味道要可口。自选式快餐店也要多在菜品的色、香、味、形上创新，要注意认真研究顾客的口味变化，做到用料广泛、口味多样，满足不同层次顾客的饮食需要。

4）菜品制作要及时。快餐的优势体现在制作快捷。在设计菜品时，要考虑到各种菜品的烹饪时间和质量要求。有些菜品可预先烹制，有些菜品必须现点现烹。所以，要根据本企业的技术力量及服务人员的数量，调整好各菜品烹饪的时间段，做到菜品制作时有条不紊，菜品销售时保证质量，忙而不乱。

二、外卖餐厅菜单的设计制作

外卖餐厅菜品的种类很多，一般分为饭菜类、面食类、冷菜类和综合类。

1. 饭菜类

饭菜类外卖餐厅菜品一般以米饭和爆炒类、焖烧类菜品为主，以套餐或者单份的形式出售。这类外卖菜品的组合较为复杂，根据不同的消费群体，其组合形式各有差异。

（1）针对商务、白领人员的商务套餐

休闲商务套餐：产品组合为点心 + 水果 + 饮料。

豪华商务套餐：主要用于招待进行商务活动的顾客，菜品设计较讲究，产品组合为米饭 +3 荤菜 +2 素菜 +1 开胃菜 + 汤 + 点心 + 饮料。

经济商务套餐：一般供商务人士或白领阶层自己用餐，产品组合为米饭 +2 荤菜 +1 素菜 +1 开胃菜 + 饮料。

（2）针对家庭的套餐

全家福套餐：该套餐主要是为家庭设计的外卖套餐，产品组合为米饭 +4 荤菜 +2 素菜 +3 开胃菜 + 汤 + 点心。

亲子套餐：该套餐是专门针对儿童饮食习惯设计的外卖套餐，产品组合为米饭 + 蔬菜 + 油炸食品 + 点心 + 维生素饮料。

福星高照套餐：这是专门为老年人设计的外卖套餐，产品组合为米饭 + 清淡蔬菜 + 补钙点心 + 补钙饮料。

（3）针对政府机关工作人员的套餐

产品组合为米饭 +2 荤菜 +2 素菜 +1 开胃菜 + 饮料。

（4）针对店铺经营者的套餐

经济套餐：产品组合为米饭 +2 荤菜 +2 素菜 +1 开胃菜 + 饮料。

豪华套餐：产品组合为米饭 +3 荤菜 +3 素菜 +1 开胃菜 + 饮料。

休闲套餐：产品组合为点心 + 水果 + 饮料。

（5）针对企业普通员工的套餐

经济实惠套餐：产品组合为米饭 +1 荤菜 +1 素菜 + 汤。

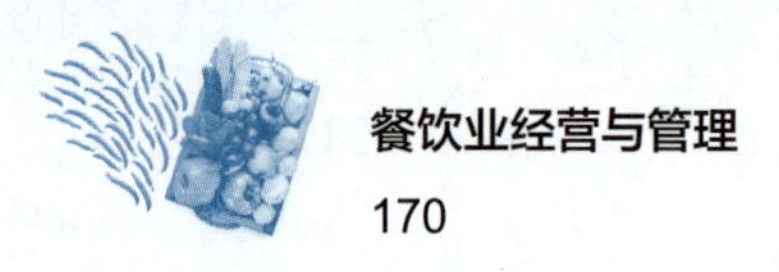

经济开心套餐：产品组合为炒饭 + 汤。

2. 面食类

面食类外卖餐厅菜品一般以烙饼、水饺、煎饺、包子、花卷、馒头等面食品种居多。

3. 冷菜类

冷菜类外卖餐厅菜品一般以各种卤菜类、烧烤类、炸制类、凉拌类品种为主，如烧肉、烤鸭、盐水鹅、卤鸡、猪耳朵、卤牛肉、炸花生米等。

4. 混合类

混合类外卖餐厅菜品一般以米饭、热菜、冷菜、面食等品种为主。

三、火锅店菜单的设计制作

火锅菜品非常丰富，通常根据火锅店的经营模式进行菜单设计。火锅店的经营模式有两种，一种是自助式火锅，另一种是零点式火锅。

1. 自助式火锅菜单设计制作

（1）自助式火锅菜单设计内容

自助式火锅一般都规定具体的收费标准，因此，在设计自助式火锅菜单时，首先要依据收费的高低来确定菜品，其次要考虑到火锅店想要体现的主题。收费标准高可提供高档原料，收费标准低可提供一些中低档原料。有些火锅店特色非常鲜明，以一种原料或一类原料为主产品，如海鲜火锅、湖鲜火锅、肥牛火锅、鱼头火锅等。设计这类火锅菜单时，要以这类原料为主线，适当增添一些蔬果原料、豆制品原料等作为补充。

（2）自助式火锅菜单设计注意事项

1）确保火锅菜品的数量和质量。一般来讲，自助式火锅菜品的种类要丰富，让顾客有较大的选择余地，至少要有 40 ~ 60 个品种。原料的品质高低要根据费用标准而定。标准高，原料品质就高一些；标准低，原料的品质可低一些。如果提供高档原料或某种单价较高的特色原料，不宜一次性全部搬进餐厅，应分期分批供应，防止先到的顾客专食高档原料，后到的顾客吃不到高档原料，使后来者感觉质价不符。

2）火锅菜品的色、香、味、形搭配和谐。火锅菜品一般多达数十种，碗料味碟也有十几种。要使火锅菜品在色、香、味、形等方面达到理想的效果，关键是在设计菜品时，要注意不同原料的色彩和谐搭配，原料要有荤有素，色泽五颜六色，碗料味碟要风味各异，食品形状各式各样，装盘造型千姿百态，摆放组合错落有致，使这些原料展示在餐厅能引起人们的食欲。

3）根据顾客不同的饮食爱好设计菜品。不同地区，人们的风俗习惯、饮食喜好有所差异，如有些人喜食山珍海味、生猛海鲜，有些人喜食鸡、鸭、鱼、肉、蔬菜等，有些人喜欢具有刺激性的麻辣味食品，有些人喜欢口味清淡平和的咸鲜味食品等。因此，在设计菜单时要根据本地区人的饮食习惯和目标顾客的生活习惯，设计那些他们易于接受的菜品和碗料味碟。

2. 零点式火锅菜单设计制作

（1）零点式火锅菜单设计内容

零点式火锅菜单设计内容与零点式菜单很相似，都要在菜单上标明菜品的名称、数量和售价。近年来零点式火锅店在经营模式上有了很大的突破，开始流行销售各种串串香系列菜品。这些菜品一般是将各种荤菜、蔬菜、加工制品等分类串成串，存放在餐厅的冷藏展示柜里，明码标价销售。这类菜品一般每串售价在 1 ~ 5 元，主要是以低价实惠来吸引工薪阶层。

（2）零点式火锅菜单设计注意事项

1）准备工作要充分。一些经营得法的火锅店客流量非常大，而且翻台率高。火锅店经营不像零点餐厅那样，菜品要烹制成熟后方能上桌，顾客没有等菜的习惯和耐心，一旦点好菜品就要立即上菜，因此，火锅菜品准备工作一定要充分。在开餐前将各种菜品洗净、加工成形，按规格要求装好盘备点，一旦顾客点到某种菜品就能“单到菜走”，满足顾客上菜快捷的要求。

2）抓好成本核算工作。火锅店的消费群体以工薪阶层为主，因此，火锅菜品的定价很关键。价格过高没有吸引力，价格过低企业无法盈利。所以，零点式火锅所提供的每一种菜品都要精心核算，对肉类、水产类、蔬菜类等原料的采购价格、出净率要了如指掌，每种菜品的毛利率、售价要明确，火锅的底料、汤料及碗料的成本均要核算正确无误，方能保证企业盈利并维护顾客的利益。

四、自助餐厅菜单的设计制作

自助餐厅菜单的设计由用餐费用标准、人数、主题、菜品风味等因素决定，主要有三种：

1. 中式自助餐菜单的设计内容

中式自助餐菜品一般有冷菜类、热菜类、汤类、面点类、甜羹类、水果类、饮料类等。

（1）冷菜类一般按照人数的多少安排 10 ~ 30 种不等，分别根据冷菜的不同烹调方法（如卤、炝、拌、冻等）安排具体的品种。有时为了突出主题，还会拼摆几个拼盘，如松鹤延年、百鸟朝凤等。

（2）热菜类一般安排 8 ~ 20 种不等，安排的菜品要不易变色，利于加热、保湿，如炸鸡翅、红烧鸭块、椒盐大虾等。

（3）汤类一般安排 3 ~ 8 种不等，有荤有素、有浓有淡，如海带排骨汤、野菌汤、酸辣汤等。

（4）面点类一般安排 4 ~ 10 种不等，蒸、煮、煎、炸、烤等成熟方法的品种一应俱全。有时为了营造氛围、保持点心的特色，还可进行客前烹制。

（5）甜羹类一般安排 3 ~ 4 种左右，如银耳莲子羹、桂花甜酒酿等。

（6）水果类一般根据不同水果的上市季节安排 4 ~ 6 种。

（7）饮料类一般安排 4 ~ 6 种，有茶、果汁、豆浆、碳酸饮料、啤酒等。

2. 西式自助餐菜单的设计内容

一般的西式自助餐菜品基本上是全套的西餐内容，通常大众化的菜点多，名贵的菜点少，菜点的制作方法不很复杂和讲究。

西式自助餐菜品一般分汤类、冷盘类、沙拉类、热菜类、甜品及西饼类、水果类、饮料类等。

（1）汤类一般安排 2 ~ 4 种不等，有清汤、浓汤、特制汤和冷汤等，如牛尾汤、意大利蔬菜浓汤等。

（2）冷盘类一般安排 4 ~ 8 种，如鹅肝酱、冷鸡卷、烤火鸡、熏鲑鱼等。

（3）沙拉类一般安排 2 ~ 4 种不等，有荤有素，荤的要求原料鲜活，素的要求原料新鲜。品种有龙虾沙拉、蔬菜沙拉、鲜果沙拉等。

（4）热菜类一般安排 8 ~ 20 种不等，菜品的烹调方法尽量多样化，如美式烩明虾、伦敦炸鱼条、烤肉、焗奶油花菜等。

（5）甜品及西饼类一般安排 10 种左右，如各色布丁、各色蛋糕、冷冻点心、各种酥点、面包、汉堡、拿破仑饼等。

（6）水果类一般安排 4 ~ 6 种。

（7）饮料类主要有牛奶、啤酒、咖啡、橙汁等，品种为 4 ~ 6 种。

3. 中西合璧自助餐菜单的设计内容

中西合璧自助餐菜品是为满足中外顾客共同用餐的饮食需求，吸取中西饮食文化的优点而设计的，一般安排冷菜类、小吃类、沙拉类、热菜类、客前烹调类、面食类、汤类、甜羹类、水果类、饮料类等。

另外，在设计各种自助餐菜单之前，必须要了解自助餐的主题及顾客的组成。有些是招待会自助餐，有些是商务宴会自助餐，还有的是一般便饭自助餐；有些自助餐外国人很多，有些自助餐中国人很多；有的规模较大档次较高，有的规模较小档次较低。所以，在设计菜单时，要根据顾客及用餐标准等情况确定自助餐的风味、菜品结构和数量。

不论自助餐档次的高低，在设计菜单时，对每一道菜点以及水果都要讲究造型和装饰。特别是高规格的自助餐，往往还配有各种食品雕刻、花卉及艺术品的点缀，运用灯光的衬托可以使自助餐餐台摆放错落有致，具有很高的艺术水准。

第五节　中式宴席菜单的设计制作

宴席菜单设计的好坏、菜点制作质量的高低是宴席活动成功与否的关键。宴席菜单设计既是专门的学问，也是一项高深的技艺，值得我们去研究、开拓和创新。

一、中式宴席菜单的组成

中式宴席菜单一般由冷盘、热菜、甜菜、汤菜和点心、水果等组成。一年四季所开的菜单变化丰富，并且开列菜单又有一定的排菜顺序和格式。就近几十年的菜单开列状况来看，宴席菜单的编排模式基本相近，大多都借鉴传统，取长补短，体现本地的风味特色。

我国宴席菜单在吸收传统宴席菜单长处的基础上，基本形成了一种约定俗成的宴席菜单格局，其基本构成内容及上菜程序一般为冷菜、热菜、甜菜、汤菜、点心和水果。

1. 冷菜

冷菜通常造型美观、形态各异，作为“前奏曲”来吸引顾客。在组配时，要求荤素兼备，质精味美，诱人食欲。冷菜道数一般以就餐人数而定，其荤素用料为 2 ∶ 1，或者荤素各半，如盐水鸭、五香牛肉、泡椒凤爪、酸辣黄瓜等，有时配上主盘，如潮式卤水拼、艺术冷盘等。

2. 热菜

热菜中，头菜烹饪原料以山珍海味、家畜、家禽为主，要求方法细腻，现烹现吃，烹制过程讲究。上菜时，质优者先上，质次者后上，突出山珍海味，显示宴席规格，如佛跳墙、黄焖鱼翅、灵芝鲍脯、上汤辽参、木瓜哈士蟆等都可以作为主菜。此外还有大菜，由 2 ~ 4 道组成，在制作上讲究风格，与整桌宴席的主要菜品相互烘托，如脆皮乳鸽、蟹粉狮子头、清蒸鲈鱼、豉汁生蚝等。

热菜中的素菜是宴席中的重要组成部分，它是利用植物性原料烹制的菜品。当今人们对素菜的要求越来越高，在宴席中要选择时令的、新鲜的蔬菜。配制菜品时要取其精华部分，烹制时应体现原料的口感特色，并进行简单的、符合卫生的造型，如砂锅菜核、罗汉斋、大煮干丝、上汤灵芝菇、蒜茸芥蓝等。目前的宴席通常配有两道素菜。

3. 甜菜

甜菜泛指一切甜味菜品，品种丰富，风味独特，视季节和宴席而定，并结合宴席档次综合考虑，如双色豆茸、蜜汁山药、桂花芋艿、拔丝苹果、冰糖湘莲等。

4. 汤菜

宴席中的汤菜种类繁多，制作时调配严格，对汤料和配菜的要求比较高，如高汤菜心鱼圆、人参炖草鸡、砂锅鱼头、鞭笋老鸭煲、松茸乌鸡汤等。

5. 点心

宴席点心在制作上体现精细，讲究造型，注重款式和口味，如四喜饺、素菜小包、黄桥烧饼、海棠酥、千层酥饼等，一般配 2 ~ 4 道。

6. 水果

水果是宴席的“尾声”，一般宴席最后要上 1 ~ 2 种水果，其分量不要太多，可大盘装，也可每人一份。

二、中式宴席菜单的设计步骤

中式宴席菜单设计人员接到宴席预订单后，在充分了解顾客情况并加以分析的基础上，结合具体情况，设计出适合顾客需求的宴席菜单。

在餐饮生产和厨房工作中，宴席菜单设计好后，需用文字的形式下达，以便工作人员具体实施。宴席菜单编制通常有两种形式：一种是菜名编排式，这种方式比较简单，只要列出菜名即可，它比较适合有丰富经验的烹调师使用，这也是社会上较为流行的形式；另一种是表格式，除了列出菜名，还需列出烹饪原料、烹制方法、味型、特点、品质要求等，它适合于烹饪初学者，一般新开业大型餐厅常采用此方法。

1. 了解客情，根据需求配菜

在设计宴席菜单前，首先要了解顾客的需求情况，其中包括顾客的职业、年龄、职位、所在单位等情况，以及顾客对什么样的菜品感兴趣，不喜欢什么口味和菜品，有没有忌口等。设计大型宴会菜单时，特别要照顾到各个方面，要考虑到有的顾客因身体原因不吃某种食物，还要考虑到个别顾客的特殊需要，也可单独为其上菜。只有了解了这些情况以后，才能分析总结顾客的总体共性需求，以设计出受顾客欢迎的菜品。特别是一些高档的宴席，应掌握顾客更详细的情况，即主要顾客的个性需求，从而更有针对性地设计宴席菜品，使菜单设计的效果更为理想。

2. 按质论价，合理分配菜点

在编制宴席菜单时，一是要选择合适的菜点，二是要将它们依宴席的要求和饮食习俗按一定的顺序排列起来，使其与宴席风格相符合。例如，宴席菜单的类别、每类菜品的数量、各种菜点的规格都与宴席的档次密切相关。

在设计宴席菜单时要遵循“按质论价”的原则，防止菜品组配不合理，一般按照中式宴席的格局组配宴席菜品，同时还要做好宴席菜品成本的分配，确定菜点的选用范围。

3. 分清主次，选择特色菜点

选择必用菜点，应以宴席菜单编制原则为前提，还要分清主次详情，通常采用下列步骤：

（1）要考虑地方饮食习俗，在选用菜点时尽量显示当地风味。

（2）要充分发挥餐厅烹饪特色，推出厨师特选菜，突出本餐厅招牌菜点。

（3）要充分考虑能显示宴席主题的菜点，展示宴席的特色。

（4）要考虑当时节令的特色菜点，选择富有特色的地方原料。

（5）要考虑烹饪原料的供应情况，适当安排一些价廉物美的菜点，便于合理调配宴席成本。

4. 围绕主菜，确定其他菜点

宴席的主要菜点是整桌宴席的主角，各地区餐饮企业一般以头菜（即主要菜品）作为整桌宴席的“核心”。因此，首先要选择好头菜，在用料、口味、技法、装盘、点缀等方面，要按标准配菜和烹制。头菜确定以后，其他菜点都要围绕头菜进行组配，质量和规格要与头菜相适应，力求起到衬托头菜、突出主题的作用。

5. 宴席菜单开具附加说明

送至厨房的宴席菜单需开具附加说明，作为宴席菜单的补充和完善，增加菜单的实用性。特别是一些创新菜、特色菜，为防止操作人员不清晰、不明白，需作具体说明，以充分发挥菜单的指导作用。宴席菜单的附加说明通常包括以下内容：

（1）说明宴席的风味特色、适用季节和就餐者要求。

（2）说明宴席规格、宴席主题和办宴席的目的。

（3）列齐所用烹饪原料（包括特殊用料）和餐具。

（4）写清宴席菜单出处和掌握的有关具体信息。

（5）介绍重点菜点的制作要求和整桌宴席的具体要求。

三、中式宴席菜单实例

1. 传统地方风味宴席菜单

（1）川菜风味宴

冷菜（单碟）：灯影牛肉　红油鸡片　葱油鱼条　椒麻肚丝　糖醋菜卷　鱼香凤尾

热菜：红烧鱼翅　叉烧酥方　推纱望月　干烧岩鲤　鲜熘鸡丝　虫草蒸鸭　奶汤菜头　素炒豆尖

点心：珍珠圆子　提丝发糕

甜菜：冰糖银耳

水果：江津广柑

（2）淮扬菜风味宴

冷菜（单碟）：白嫩油鸡　盐水河虾　凉拌口蘑　红皮糟鹅　水晶肴蹄　挂霜莲米

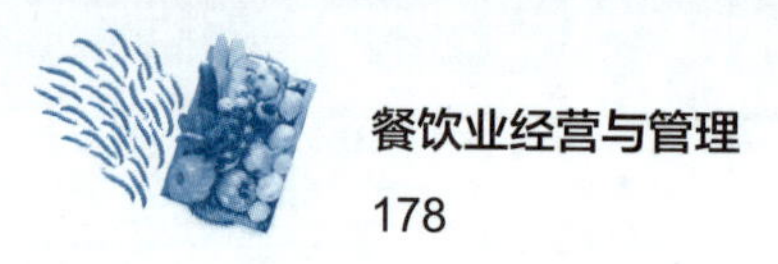

热菜：鸭包鱼翅　清炒虾仁　虾子双冬　银牙金丝　红烧马鞍桥　松鼠鳜鱼

蟹粉狮子头　砂锅菜核

点心：三丁包子　黄桥烧饼　千层油糕　苏式汤圆

甜羹：冰糖银耳

水果：陵园西瓜

2. 现代商务宴席菜单

（1）商务宴席菜单之一

鸿运大拼盘　生炊大龙虾　贝茸南瓜羹　白果炒鸽脯　面兜酿鸭柳

一品鱼翅盅　时蔬双味拼　酸菜鸭方汤　苏广三味点　锦绣水果盘

（2）商务宴席菜单之二

八味精美碟　菜胆扒鲍脯　虾仁嘉橘篮　酥皮焗海鲜　明珠柱侯鸭

鲍片灵芝菇　四喜时令蔬　时令烧鲅鱼　江南四美点　三色水果盘

（3）酒店中式婚宴菜单

红袍加身——（鸿运烤乳猪）　笑逐颜开——（汤灼竹节虾）

喜结新巢——（雀巢鸳鸯带）　富贵临门——（鲍参翅肚羹）

金鸡报喜——（福禄鸳鸯鸡）　富贵吉祥——（扒珍珠鲍鱼）

香溢满园——（石榴百花球）　掌托明珠——（双菇扒菜胆）

富贵有余——（清蒸活海斑）　地久天长——（瑶柱伊府面）

永结同心——（酥饼拼煎堆）　喜结良缘——（红豆沙汤圆）

思考与练习

1. 菜单设计制作的基本要求有哪些?
2. 怎样设计零点菜单? 试设计制作几款不同的零点菜单。
3. 怎样设计套餐菜单? 试设计制作几款不同的套餐菜单。
4. 怎样设计制作快餐店、外卖餐厅、火锅店、自助餐厅的菜单?
5. 怎样设计中式宴席菜单? 试设计制作几款不同的中式宴席菜单。